教育部中等职业教育专业技能课立项教材

中等职业教育
实战型
电子商务系列教材

电子商务文案写作与推广

主　编　辛丽如　周艳红
副主编　谢莲珍
参　编　吴苑莎　林小敏

PPT课件　　电子教案　　课程标准　　习题试卷

中国人民大学出版社
·北京·

图书在版编目（CIP）数据

电子商务文案写作与推广 / 辛丽如，周艳红主编
. -- 北京：中国人民大学出版社，2021.10
教育部中等职业教育专业技能课立项教材
ISBN 978-7-300-29675-3

Ⅰ.①电… Ⅱ.①辛… ②周… Ⅲ.①电子商务一应用文一写作一中等专业学校一教材 Ⅳ.①F713.36

中国版本图书馆 CIP 数据核字（2021）第 143370 号

教育部中等职业教育专业技能课立项教材
中等职业教育实战型电子商务系列教材
电子商务文案写作与推广
主　编　辛丽如　周艳红
副主编　谢莲珍
参　编　吴苑莎　林小敏
Dianzi Shangwu Wenan Xiezuo yu Tuiguang

出版发行	中国人民大学出版社		
社　　址	北京中关村大街 31 号	**邮政编码**	100080
电　　话	010－62511242（总编室）		010－62511770（质管部）
	010－82501766（邮购部）		010－62514148（门市部）
	010－62511173（发行公司）		010－62515275（盗版举报）
网　　址	http://www.crup.com.cn		
经　　销	新华书店		
印　　刷	固安县铭成印刷有限公司		
开　　本	787 mm×1092 mm　1/16	**版　　次**	2021 年 10 月第 1 版
印　　张	13	**印　　次**	2025 年 8 月第 4 次印刷
字　　数	312 000	**定　　价**	38.00 元

前 言

教育是国之大计、党之大计。习近平总书记在党的二十大报告首次将“实施科教兴国战略，强化现代化建设人才支撑”作为一个单独部分，充分体现了教育的基础性、战略性地位和作用，并对“加快建设教育强国、科技强国、人才强国”作出全面而系统的部署，报告非常明确地把大国工匠和高技能人才作为人才强国战略的重要组成部分。

电子商务文案是基于我国蓬勃发展的电子商务行业而兴起的一类职业，随着电子商务行业的飞速发展与逐渐完善，社会对电子商务文案人员的需求也越来越大。本书针对电子商务文案这一岗位，从岗位要求、职业素养、学习领域入手，根据文案岗位工作流程对教材进行体系、架构、形式等方面的创新，详细介绍了电子商务文案是什么、做什么、对谁说、说什么、怎么说、在哪说等知识。本书内容层层深入，且实例丰富，为读者全面介绍了电子商务环境下文案策划与写作所需的知识和技能，能有效地引导读者进行文案策划与写作的学习。

本书由多院校老师合作完成，编写团队成员均为在一线从事电子商务专业课程教学与实践指导的老师。

本书采用“项目—任务”式，由基础篇、创作篇、推广篇三部分组成，共六个项目，每个项目由不同的任务组成。

本书内容主要有以下特点：

1. 工学结合，结构合理

本书针对电子商务文案岗位工作流程，循序渐进地介绍相关的内容，由浅及深，层层深入。每一任务都设置实训内容，加强读者对知识的理解与运用。

2. 案例丰富，学以致用

本书每个项目都由案例引入，每个任务中穿插新颖的真实案例，所选择的案例有代表性，且可读性和参考性强，可帮助读者快速理解和掌握文案的写作技巧。

3. 图解教学，资源丰富

本书每个项目都在任务前以思维导图呈现本项目学习内容，帮助读者理清学习思路。文中以图析文，让读者更直观、更清晰地掌握文案写作与推广的方法和技巧。同时，本书还提供教案、PPT 课件等相关教学资源，以优化教学效果。

本书适用于高等职业院校、中等职业院校电子商务专业、营销专业的“电子商务文案”课程教学，适合电子商务文案工作的有关人员阅读，也可供初级电子商务人员、网络营销人员自学、培训使用。

本书由辛丽如任第一主编，负责全书构思、统稿；周艳红任第二主编；谢莲珍任副主编。具体编写分工为：项目一由辛丽如编写，项目二、项目六由吴苑莎编写，项目三由林小敏、谢莲珍编写，项目四由周艳红编写，项目五由谢莲珍编写。

本书在编写过程中得到了电子商务教学专家和广东省粤东技师学院、武汉市供销商业学校、广州市海珠工艺美术职业学校的大力支持和帮助，在此表示衷心的感谢！

编　者

目 录

基础篇

项目一　电子商务文案是什么 …… 3

任务一　文案与电子商务文案 …… 5

任务二　电子商务文案的类型 …… 17

项目二　电子商务文案做什么 …… 29

任务一　电子商务文案的岗位描述 …… 30

任务二　电子商务文案的知识和能力要求 …… 35

创作篇

项目三　电子商务文案对谁说 …… 45

任务一　认识用户画像 …… 47

任务二　构建用户画像 …… 53

项目四　电子商务文案说什么 …… 74

任务一　说产品，促销售 …… 77

任务二　塑形象，铸品牌 …… 93

项目五　电子商务文案怎么说 …… 104

任务一　电子商务文案标题的拟定 …… 107

任务二　电子商务文案内容的布局 …… 114

任务三 销售文案的写作 …… 124
任务四 品牌文案的写作 …… 147

推广篇

项目六 电子商务文案在哪说 …… 166

任务一 新媒体平台推广 …… 168
任务二 资讯类平台电商文案推广 …… 176
任务三 社交类平台电商文案推广 …… 180
任务四 视频类平台电商文案推广 …… 195

参考文献 …… 201

基础篇

项目一

电子商务文案是什么

项目目标

知识目标

1. 了解文案、电子商务文案的概念。
2. 理解电子商务文案的特点、作用。
3. 掌握电子商务文案的分类。

能力目标

1. 能区分不同类型的电子商务文案。
2. 能初步分析电子商务文案的优缺点。

情感目标

1. 增强对电子商务文案的认知，激发对电子商务文案的兴趣。
2. 养成在生活中善于观察、善于吸取他人经验教训的良好学习习惯。

项目导读

随着互联网的发展，以及电子商务市场的逐渐完善，文案不再局限于传统媒体，而是开始往 PC、App 端进军，且发展迅速，电子商务文案在商品销售、企业品牌传播等方面的作用越来越重要。要想成为一名合格的电子商务文案写手，不仅需要掌握文案的写作方法，还要了解电子商务环境中文案的相关知识。本项目从文案和电子商务文案的概念入手，深入分析电子商务文案的特点、作用、分类等主要学习内容。

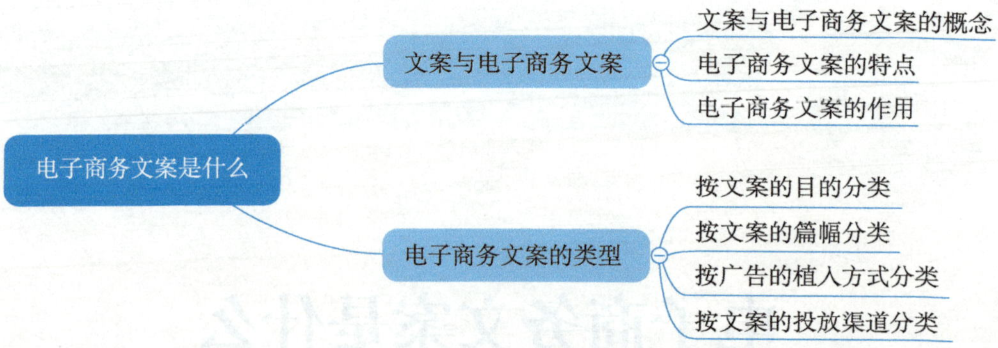

项目引例

添柏岚如何在中国反败为胜？

2015 年，美国户外品牌添柏岚（Timberland）在中国的经营跌到谷底。据相关媒体的报道，原因主要是品牌力弱，产品价格太贵不好卖，经销商的库存已经积压了十几个月，很多人纷纷退出不想再做了。

品牌面临两个选择：要么离开，要么拼一把。

谁能拯救 Timberland 在中国的未来？2015 年底，Timberland 大老板决定让吴美君试试。

吴美君面临的困境不难理解：相较于不便宜的产品定价，Timberland 在中国的品牌力实在太弱，如何让中国人也为 Timberland 的品牌买单？

品牌感知度、品牌设定，这是写在无数乙方提案中的传播目的，也是令无数甲方头疼的营销问题，品牌影响力究竟何解？吴美君交出了自己的答卷。

于是，大家等来了“踢不烂”这个答案。

吴美君想到，有的消费者会叫 Timberland“踢不烂”，因为谐音，也因为“我们的鞋子就是踢不烂”。之前很多人都拿这个名字开玩笑，但从来没人想过把它用在广告里。这不仅是一个甲方的勇气，更是一个营销总监（CMO）对于品牌精神的理解。此外，Timberland 这个英文名字对中国消费者来说实在太难发音了，而原本正式的中文名“添柏岚”又毫无个性，“踢不烂”则好读好记，还有非常正面的联想，更重要的是，它本身就来自消费者。

接下来就是拍一条中国消费者喜欢的广告片，视频脚本测试、拍摄、加旁白、剪辑，筹备了 10 个月，这条名叫“真是踢不烂”的广告片和海报终于可以投放了。

广告播放当月，经销商同店同比增长率从−20%提高到 30%。

2017 年，Timberland“大黄靴”销量是上一年的 2 倍多，而在“双 11”当天，Timberland 在天猫的销售额超过 1 亿元，是品牌所在集团第一个“双 11”销售额突破 1 亿元的品牌。

在媒介预算只有 800 万元的时候，一条广告片改写了整个品牌在中国的命运。

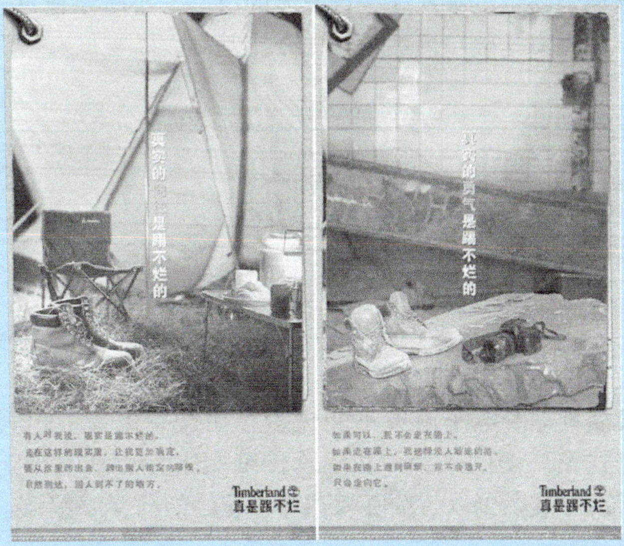

“真是踢不烂”海报

案例分析：

Timberland广告片以“大黄靴”作为主角，以人声旁白配音的自述方式讲述了四个很简单的故事：不过是执着探索“向往”的生活，不过是“坚定”追求自我，不过是害怕中爆发了“勇气”，不过是一场相遇和“爱”——镜头所描绘的画面、背景音乐以及旁白结合在一起，激烈而又平静地为我们叙述着“踢不烂”精神。

“是的，踢不烂的，是你，是我；是千千万万的你们和我们。”这正是Timberland通过广告片想要为我们传达的——每个人都是“踢不烂”的，真实的向往、坚定、勇气和爱都是“踢不烂”的，真实的精神力量就是无坚不摧、无法被破坏、无法被碾碎的。

“踢不烂”这个看似玩笑的中文名，很接地气，朴实大胆，通俗的名称背后隐藏的是对其牢固耐磨的夸赞。广告文案用很短时间把Timberland变成“大黄靴”，又把“大黄靴”变成“踢不烂”，成功塑造了品牌的影响力。

任务一　文案与电子商务文案

情景导入

小晴最近喜欢上了文案，她想在这一行发展。虽然她经常收集经典文案，但说到写文案，自己就像一张白纸，什么经验也没有。今天，在看到一篇题为“从月薪3 000到3万的文案”的文章后，她更是坚定了进入这一行发展的决心。小晴知道自己离一名合格的文案写手还很远，她决定从文案基础知识学起，先夯实基础。

任务目标

1. 了解文案、电子商务文案的概念。
2. 理解电子商务文案的特点、作用。

知识储备

互联网的快速发展推动着电子商务不断进步，在这一进程中，电子商务文案应运而生，它基于电子商务这个广阔的平台，在继承传统文案特点的基础上，延伸出自己的特点。一则优秀的电子商务文案可以让读者将其当作有趣的故事来阅读，让人眼前一亮、印象深刻。

一、文案与电子商务文案的概念

1. 文案

文案来源于广告行业，是“广告文案”的简称，由“copy writer”翻译而来。

文案是广告的一种表现形式，有狭义和广义之分。狭义的文案包括标题、正文、口号的撰写。广义的文案包括标题、正文、口号的撰写和对广告形象的选择搭配。也就是说，文案并不是仅仅局限于语言文字，而是包括语言文字在内的一切能传达信息的符号。

文案也是一种职业称呼，指企业中从事文字工作的工作者，他们以文字来表现已经制定的创意策略。

文案又是一个与广告创意先后相继的表现的过程、发展的过程、深化的过程，多见于广告公司、企业宣传、新闻策划等。

文案其实无处不在，品牌名称、标志、产品功能介绍、电视广告文案、街边广告牌文案……这些都是文案，甚至你出门逛街时看到的商店名字也是文案。只要是有经济活动的地方都有营销文案。

【敲黑板】

判断一则内容是不是文案，关键看其背后有没有商业目的。

小知识

我国文案撰稿人的由来

鸦片战争前后，外国人开始在中国创办报纸。这些报纸都曾为推销外货刊登过大量广告文案。

1861 年，《上海新报》创刊，它是华文报纸广告的滥觞。

1872 年，英商美查创办《申报》，它是以营利为主要目的的商业报纸，是中国现代报纸开端的标志。在外国人办的报刊中，由中国人主执笔政的，《申报》是第一家。当时的广告被称为“告白”。

1906 年，清政府发布的《政治官报章程》中以“广告”代替“告白”，“广告”一词开始正式使用。

20 世纪初，随着报纸广告数量的急剧增加，我国专业广告文案撰稿人便在报社广告代理部门中产生。

考考你

中国历史上最早的一篇营销文案

清朝时有个秀才，因生活困难，又找不到糊口的生计，就让娘子在家泡豆芽菜，他在家门口摆摊卖豆芽菜过日子。但生意一直不好，秀才很无奈。娘子就启发秀才说：“书中自有颜如玉，书中自有黄金屋。你应该利用你饱读的诗书文章，为咱家的生意寻求一些转机。”秀才闻听此言，如梦方醒，略加思考，就写了一副怪联：

长长长长长长长，长长长长长长长。

他找人裱好，挂在摊边，并写明以文会友，猜出联意者，请豆芽菜伴酒一顿。人们觉得好奇，看热闹的人越来越多，而他的生意也越来越好。秀才的有趣怪联也被人们传得远近闻名，有些大的店铺开张、庆贺都车马相请，让他去写贺联，以求生意兴隆。

秀才的这十四个“长”字是什么意思？怎么读？

2. 电子商务文案

在电子商务环境下，商品的展示不再由导购员当面解说，而是通过商品描述来推荐商品。商品描述需要文案的策划才能达到良好的效果，于是就有了电子商务文案这一产物，并且它已然走向了电商竞争第一线，成为电商运营中必不可少的一个重要环节。

电子商务文案作为一种商业文体，主要是基于网络平台，以语言文字、图片、视频、超链接等为元素，以吸引消费者为目的而存在的。电子商务文案是一种艺术创作，也属于经济活动的一部分，优秀的电子商务文案能依靠卓越的文字表现力，描绘出美好的产品形象，促进产品的销售，并塑造品牌形象。

【敲黑板】

美国零售广告公司总裁朱迪思·查尔斯说：“文案写手，就是坐在键盘后面的销售人员。”

著名广告学者史载平斯强调：“文案是广告的核心。”

在电子商务个性化发展的今天，专业从事电子商务文案撰写工作的创作者日复一日地进行着各种公开较量，尤其是每逢“双 11”、“双 12”、春节、“520”、“618”、母亲节、父亲节、情人节等促销节点时，各平台与商家之间更是充斥着浓重的“电子商务文案战争的火药味”。如图 1－1 所示。

图 1-1　电子商务“文案战”

考考你

某网络音乐播放平台将评论区的网友评论投放在地铁车厢中，这是不是文案？

某网络音乐播放平台投放在地铁的网友评论

二、电子商务文案的特点

从本质上来说，电子商务文案是传统文案的延续和升级，但在很多方面，电子商务文案与传统文案相比又有不同之处，呈现出以下特点。如图 1-2 所示。

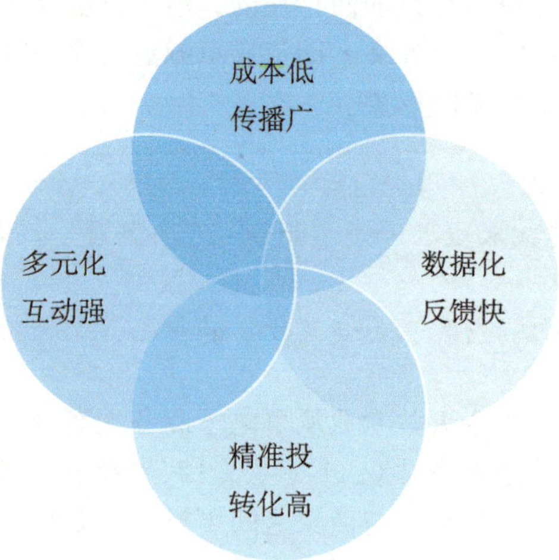

图 1-2　电子商务文案的特点

1. 成本低、传播广

相比传统文案，电子商务文案的成本更加低廉。传统文案通过电视、杂志等媒体传播，投入成本较大，动辄上百万元。而电子商务文案只需要选择合适的网站或自媒体平台，将文案进行编辑制作后就可以快速发布出来，节省时间又降低资金的投入。精彩的电子商务文案还能让消费者自愿分享，引起“病毒式”传播。这样一条简单的传播链，很多时候就会产生意想不到的营销效果。

赏文案

逃离北上广

逃离北上广（第 1 季）

2016 年 7 月一个周五的早晨，某互联网传媒公司发起了“4 小时后逃离北上广”的活动。

逃离北上广（第 1 季）

在文章发布后的 15 分钟内，就有读者陆陆续续赶到了机场，他们当中有大学老师，有背着健身包赶来的 IT 从业者，有早饭吃到一半赶来机场的学生。前往全国各地的他们有的直播了中国的第一缕阳光，有的去圣索菲亚大教堂前吃了大列巴，有的去国门拍了一列离开的火车。

截至文章发布当天下午 5 点钟，这篇微信文章有 116 万人阅读，微信后台收到了 10 万多条回复。百万人收看了“一直播”上的现场直播，不计其数的人在朋友圈和微信群里讨论，在社交媒体上持续刷屏，造成了不小的轰动。

逃离北上广（第 2 季）

2017 年 4 月，还是一个周五的早晨，这次是 100 张机票，100 个未知目的地，以及近

70 万人选择的不同逃离方式。

逃离北上广（第 2 季）

在活动开始后的 4 个小时内，有 18 756 人参与了活动。1 309 万人在“一直播”收看了北京、上海、广州三个机场的实况直播。成功赶到北上广机场的包括学生、工程师、设计师、职业经理、创业者、老板……有 36 位男性，64 位女性，年龄最小的 19 岁，最大的 43 岁。

为了让旅程更加丰富，活动方邀请了多位演艺界朋友，为每个目的地设置了随机任务。此外，还邀请了滴滴、摩拜一起加入，有 115 928 人领取了专车大礼包，在春天的城市里实现了一次短暂而美好的旅行，而骑行版逃离北上广可以帮助没领到机票的参与者进行一次短途旅行，或者去往任何一个想了很久的角落。

这次活动的微博话题阅读量达到 6 113 万，活动半小时后，微信文章阅读量达到 10 万，随后迅速破百万，文章持续扩散，形成舆论。逃离北上广第 2 季，核心话题不是远方，而是前方。或者这样说更准确：是远方，但是更前方。

2. 多元化、互动强

互联网是一种新兴的传播媒体形式，它能够多方面、多层次地对信息进行整合。与传统文案的呈现形式相比，电子商务文案的最终呈现形式不再只是静止的文字，它可以是文字和图片的搭配，还可以是文字、图片、动画或视频的结合体，它们能够在网页的组织编排下以多元化形式向受众展示内容，更加丰富灵活。这些内容在网络平台这种信息载体形式下还能轻松实现与受众的互动，吸引其继续浏览或者采取其他相应行动。比如受众可以发表自己的评论，或者通过点赞、转发、打赏等行为来表明自己的态度。因此，电子商务文案呈现形式具有多元化、互动强的特点。

赏文案

“表达瓶”

“一切以消费者为中心，其他一切纷至沓来”的道理很多企业都懂，但真正能做到的还是凤毛麟角。当其他人还在思考“我们品牌该用什么方式跟消费者交心”时，某白酒品牌又推出了一款叫“表达瓶”的迭代产品。其口号“我有一瓶酒，有话对你说”，满足的是正在被“说话之道”纠缠的人们对“真情实意”的渴望。这是一次消费者原创的互动，更是一次深层次的消费满足。

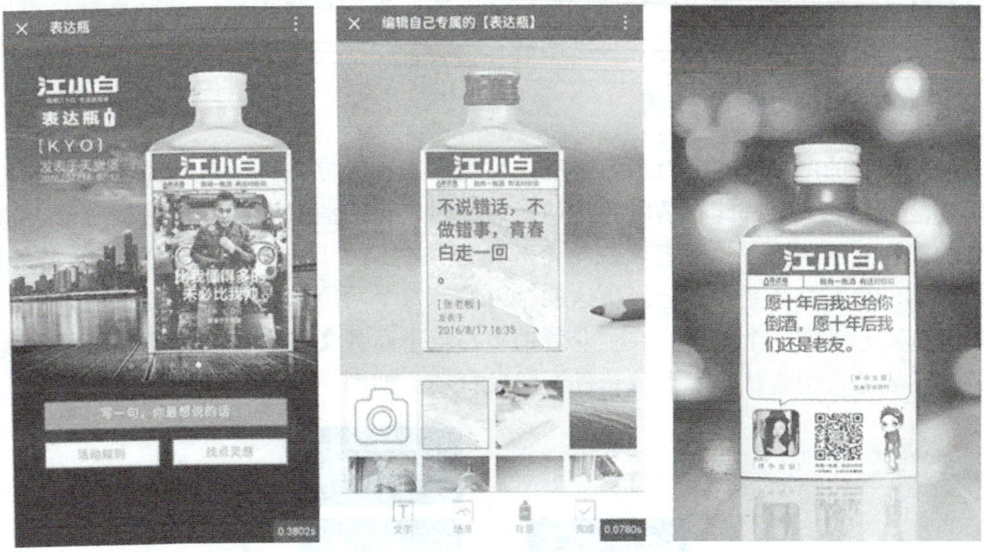

“表达瓶”

“表达瓶”倡议，用一句简单的话替代那些华而不实的语言去交流，重新找到“说话”这个日常行为中最真诚的部分。为此专门开发了一款 H5，任何人都可以扫描二维码，借助酒瓶这种特殊的媒介向外界传递一句话，可以是最近的心情，也可以是对朋友的呼唤，语言由此获得了久违的仪式感，那些套话，该扔就扔了吧！

我们正在进入社交时代，人们依赖于社交，每个人都是内容制造者，营销方式也必须与时俱进。该白酒品牌打破了白酒行业“酒香不怕巷子深”的传统和单一的运营思路，通过“表达瓶”将每个人的“真实情绪”传递出去，既满足了消费者的精准社交需求，又让企业与消费者之间开始了真正意义上的互动。

3. 精准投、转化高

电子商务文案是有目的、有标准的，无论是内容的生产创作，还是渠道的选择，都是围绕目标群体的基本定位进行的。创作前可通过对目标人群和市场的分析来确定自己的写作方向，针对不同年龄、不同性别、不同区域或特定的群体来写出受众感兴趣的文案，并投放到该群体喜欢的渠道平台。在大数据环境下，受众在平台上的各种数据都会被后台记录下来，平台基于这些浏览记录可以精准地为受众推送相关内容，商家一旦与平台合作，就可以根据这些数据对受众进行更精准的定位，从而取得良好的营销效果。因此，成功的电子商务文案，能够为企业带来更精准的目标用户和更高的销售转化。

4. 数据化、反馈快

相对于一般呈现在印刷媒体和电视、广播上的文案来说，电子商务文案效果反馈的及时性非常明显。电子商务文案投放后就可以进行数据监测。每个渠道都有一些可以帮助我们衡量文案效果的数据指标，例如浏览量、点赞数、评论数等。在实际运营过程中，我们可以借助这些数据指标，帮助自己找到下一步的优化方向。比如电子商务文案投放后，如果浏览量很高，而点赞或评论数很低，那么应反思是否不小心做了“标题党”。如果浏览量、点赞或评论数很高，而引流数却很低，那么应思考是否转化点没有设置好。可以说电子商务文案的效果，直接就体现在数据上。

三、电子商务文案的作用

每一个成功的产品和服务背后，都有出色的文案在支撑，不论是产品特色，还是产品的使用规范，好的文案都能在清晰传达信息的同时，带给消费者赏心悦目的感受，进而促进产品的销售。美国广告学研究者拉维奇和斯坦纳总结了广告的三个阶段，分别是认知、情感、行动。几乎每个品牌都会经历这三个阶段，每个阶段都有不同的侧重点，同时这也是消费者购买心理的三个阶段。在企业营销中，电子商务文案也在品牌不同阶段体现了它的作用，主要是：引起认知、获取信任、触发行动。如图 1-3 所示。

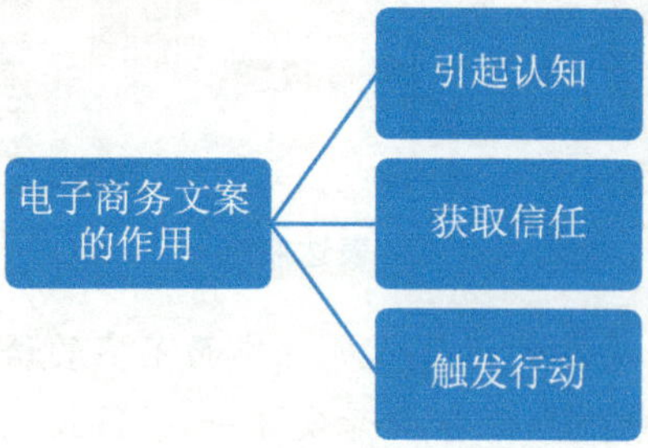

图 1-3　电子商务文案的作用

1. 引起认知

随着市场与商品竞争的不断加剧，企业以及商品品牌之间的竞争也越来越受到商家的重视。同时，消费者也更容易因受到品牌影响进而选择购买其商品。要让消费者对品牌的内涵、个性有所了解，就需要提高品牌的知名度。电子商务文案可以将企业和商品品牌以形象生动的图文、视频等形式表达出来，让消费者了解品牌的形成过程、企业所倡导的文化精神以及品牌所代表的意义等，提升品牌的形象，增加消费者对品牌的好感和信任度。长此以往，就可以逐渐积累起品牌的美誉度，使公众对于该品牌的质量可信度、社会公信力、市场竞争力、服务诚意、致力公益和回报社会等方面形成良好的印象。

赏文案

钻戒的浪漫宣言

某钻戒品牌立下浪漫规定，男士凭身份证一生仅能定制一枚该品牌求婚钻戒，赠予此生唯一挚爱的女士。购买时，签署一生唯一真爱协议，终生不可更改。爱情，是人类共同的主题之一，一份拳拳真情和该品牌钻戒所传达的“真爱、唯一”理念非常契合，这种爱情至上的理念也为品牌吸引了大量的“粉丝”。

某钻戒品牌宣传海报

2. 获取信任

电子商务文案都有明确的商业目的，就是要在消费者心中对应的位置放上自己的广告信息，以期影响到他们日后的购买决策。消费者对文案的信任程度关系着广告的目的是否能实现。电子商务文案的多元化能很好地建立起商家与消费者之间的信任关系，文案中的商品细节、数据、权威机构认证、客户故事、效果示范、用户评价等都能很好地获取消费者信任。不仅如此，电子商务文案还能在更准确地揣摩消费者心理的基础上，从多方面出发，晓之以理，动之以情，挖掘出消费者平时没有关注到的潜在需求，引起消费者情感上的共鸣，让消费者在你的产品跟竞争对手几乎没差别的情况下，依然选择你的品牌。

赏文案

《舌尖上的中国》 文案

“稻花鱼去内脏，在灶上摆放整齐，用微弱的炭火熏烤一夜，现在需要借助空气和风的力量，风干与发酵，共同制造出特殊的风味。糯米布满菌丝，霉菌产生的各种酶，使淀粉水解成糖，最终得到爽口的酸甜。甜米混合盐和辣椒，一同塞进鱼腹中，稻花鱼可以直接吃，也适合蒸或油炸，不管用哪种做法，都盖不住腌鱼和糯米造就的迷人酸甜。”

《舌尖上的中国》用精美的画面、具象化的文案旁白，形象地告诉观众，食用这款美食时他的感官都会有什么样的体验，能让人在头脑中产生清晰的画面，给人留下深刻的印象。

《舌尖上的中国》节目截图

体重秤文案

“常用体重秤的人最大的烦恼就是担心秤测量不精确，而对于减肥的人来说，每天都要上秤几次，分毫必究。当一款秤可以精确到100g（市面上多数的秤都是精确到200g），能做到你喝杯水它都能感知到，你会不会心动呢？”

该体重秤以“喝杯水都可感知的精准”赢得了消费者的信任。

体重秤文案

五常大米文案

某大米生产销售品牌专门请来香港“食神”戴龙（周星驰电影《食神》原型）为品牌站台，港澳著名企业家何鸿燊都曾经花5 000港币就为了吃一口他做的炒饭。

该品牌借戴龙的权威之口说出“在这一碗米饭里面，我看到了真心”，赢得了消费者的信任。并且，他愿意用该品牌五常大米做一次“黯然销魂饭”，再一次让消费者对该品牌品牌增加了信任度。

2016年10月，该品牌的五常大米上线众筹，短短6小时就卖了12万斤。

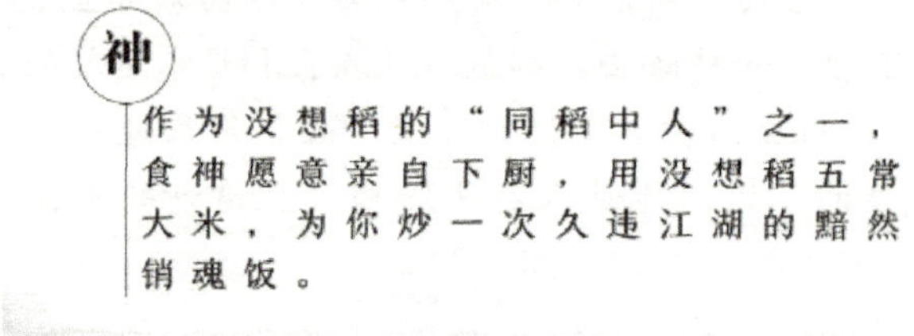

某品牌五常大米文案

3. 触发行动

优秀的电子商务文案，总是能让消费者行动起来，让消费者马上购买，或者直接参加企业的某个活动，甚至转发分享给朋友，吸引更多的受众来参与。网络平台信息分享的方便性，让电子商务文案的传播更活跃。电子商务文案上特有的外部链接，更方便了消费者下单或参加活动。在电子商务文案中，企业经常通过分析用户决策成本、价格锚点对比、设计贴切的场景、恐惧营销等来触发消费者行动。

赏文案

充电宝文案

2016年，某电池品牌推出了一款轻巧型的充电宝，但是当时的充电宝市场已经饱和了。这款充电宝的最大亮点就是轻巧，基于此，该品牌通过漫画的形式给消费者设置了3个纠结场景：下班后约会、晚上聚会、逛街一天的时候要不要带着笨重的充电宝。而如果不购买小巧轻便的充电宝，你就要继续拿着大块头的充电宝受罪。这样的场景化文案宣传打动了消费者，让该品牌充电宝销量大增。

某电池品牌充电宝的场景化文案

任务实施

一、了解电子商务文案行业

1. 活动导读

之前，国务院客户端升级到了3.0版本，并在“中国政府网”的公众号上发了篇题为“今天，让我们重新认识一下”的推文，文案句句“戳心”，让人感动，如图1-4所示。

图1-4 国务院客户端3.0文案

2. 了解文案的市场需求情况

请借助网络了解文案写作人员的市场需求量如何。

____

____

3. 获取文案行业信息

你认为哪些行业需要文案写作人员？

____

____

二、搜集文案学习平台信息

每天阅读优秀文案对文案写作的学习非常重要，借助网络查找有哪些优秀的文案网站或新媒体平台，分析其特色并记录下来，方便以后学习，并完成表1-1。

表1-1 优秀文案学习平台记录及分析

序号	名称	网址	特色
1			
2			
3			
4			
5			

三、分析文案作品

1. 了解电子商务文案特点

若想在微信上发布产品文案，你觉得该文案应该具备哪些特点才能吸引消费者？说说你的理由。

____

____

2. 分析优秀文案

写下你最熟悉的五个电子商务文案作品，分析该文案的优点，并完成表1-2。

表1-2 电子商务文案分析

序号	电子商务文案	优点
1		
2		
3		
4		
5		

四、制订学习计划

你将如何安排这门课程的学习？请写下你的学习计划。

____

____

任务二　电子商务文案的类型

情景导入

小晴发现文案无处不在，随处可见，到底该如何去区分它们呢？不同类型的文案写作方法和应用场景都是不同的，了解文案都有哪些类型，并且在什么情况下应使用哪种类型的文案，这是一个不得不重视的问题。小晴开始收集不同的经典文案，进行归类分析。

任务目标

1. 了解电子商务文案的不同分类方法。
2. 掌握不同类型电子商务文案的特点和适用情况。

知识储备

电子商务文案种类繁多，不同的文案适用于不同的场景，所达到的效果也不同。电子商务文案可以从目的、篇幅、广告植入方式、投放渠道等不同的角度进行分类。通过分类，电子商务文案人员能够更好地认识文案，并能根据不同的需要撰写出更加符合企业目的、符合受众需求的文案。

一、按文案的目的分类

根据文案目的的不同，可将电子商务文案分为销售文案和品牌文案。

1. 销售文案

销售文案是主导用户购买行动的文案，包括详情页文案、促销文案、活动文案等。销售文案的目的是通过文字、图片、动画等素材把产品的价值展示给消费者，快速促成交易。销售文案一般需要洞察用户痛点、展现产品亮点并体现快速受益，让用户感受到紧迫和产品的价值，以及购买后能给他们带来的好处。

销售文案可以从逻辑和情感出发，把产品亮点数字化，把用户痛点场景化，然后用产品亮点去打击用户痛点。

赏文案

“18 节课 PS 小白变大神，0 基础带你成为设计大神。”

“每天 2 小时，3 个月后和外国朋友无障碍交流，你只差报名这套课程。”

“7 天 Excel 训练营，让你今后不用加班。”

2. 品牌文案

品牌文案是主导用户认知和情感的文案。品牌文案通常没有强烈的销售说服，但是却明显传递着产品的定位、形象，持续的理念传播会像一颗钉子钉在用户脑袋里，让用户建立对于品牌的“基础认知”，甚至获取用户的好感。

品牌文案可以从情感或者情怀出发，彰显一种品牌态度或用户的生活态度，去慢慢感染用户。

赏文案

凌晨四点的重庆

——我知道你想去太阳的方向，但我仍愿做你背后的星光。

——每个遇见的人，每一片风景，都可能此生不再遇到。

《凌晨四点的重庆》海报上的剧情文案

品牌文案在乎的是掌声，而销售文案只看结果，也就是销量。知名企业的产品，已被大众消费者所熟知和了解，会更在意品牌传播；而中小企业，在知名度不高、产品不出名、广告预算有限的情况下，会更重视说服消费者进行购买的销售文案。

二、按文案的篇幅分类

电子商务文案按篇幅的长短，可分为长文案和短文案。长文案为 500 字以上的文案，短文案则在 500 字以下。

1. 长文案

长文案通常需要构建丰富的内容，要么是进行信息的铺叙分析，要么是展开丰富的故事或情感场景。长文案使得受众的阅读时间延长，不易在短时间内传达完整的信息，跳出率较高。但长文案的信息容量大，能传达更具体的内容，一两句话说不清楚的可以慢慢说，情绪不够的可以慢慢渲染。说服受众的时间越长，产品卖出去的可能性越大，一个购买理由不够，可以两个，总有一两句文案能够戳中受众痛点，说服受众。产品价格比较昂贵、消费者决策成本较高的行业可以使用长文案，因为受众需要慎重考虑，会愿意花费时间来反复比较产品，比如汽车、珠宝等非生活必需品或一些较高价值的产品。

赏文案

云水有相逢

看了那么多轰轰烈烈的爱情，我还是更喜欢我们的故事。他姓云，我姓水，第一次见面，他居然迟到了十分钟。说是堵车，我选择相信。就着我手里的那本书，我们居然聊了一整个下午。

交往下去发现，我们的共同爱好其实并不多，但共同语言其实也不少。云先生不太欣赏我一位闺蜜，我也不大喜欢他的几个发小，没什么，马蹄声响，在意的是归人，不是过客。我们都喜欢孩子，但都觉得，可以稍等几年。两个人都有些事，想在两个人的时候完成。

有时候，享受下相濡以沫。有时候，不妨相忘于各自的江湖。他加班，我会帮他留点宵夜。我去聚会，他会提前查下天气，顺手往包里塞把伞。他不会时刻提醒我他的存在。但需要的时候，他一定会在。

我说过最煽情的话是：我们间的距离，最近的时候，是眼里有你；最远的时候，是心里有你。

当然也会吵架。大多数是他先道歉，我也不会纠缠。有了一把锁，需要的是一把钥匙，而不是再上一把锁。

我们会承担起最喜欢的东西，这样不会觉得委屈了自己。我们都懂得保养，也懂得珍惜。不管是一颗钻石，还是一盆水，都能物尽其用。这，也是一种乐趣。

相比冬雷震震，夏雨雪，天地合，乃敢与君绝，我更喜欢，云在青天水在瓶。

云和水，各有各的姿态，各有各的脾气。云想飞向远方，水会在河道心有相映。水想归于大海，云会在天空沉静看顾。

幸福的家庭，懂得和而不同。

该文案淡淡地讲述了云先生与水小姐从相识到婚后的故事，没有轰轰烈烈，只有平静的相互依靠。全篇没有提及产品，而是传递一种幸福的家庭观念，让人们意识到该厨电品牌其实也是一个“因爱伟大”的有温度的品牌。

小知识

长文案更吃香

奥美广告公司创始人奥格威说：“我个人所有的经验说明，就大部分产品而言，长文案比短文案更有助于销售。”这句话近年来也被大量的电商卖家证明，从最初统一的简单描述到现在动辄几大页的“宝贝详情”，我们可以清楚地看到，同样的商品，用长文案比短文案吃香得多。

许多人会错误地认为没有人会去读都是文字的长文案，事实上，一篇写得引人入胜的长文案也会吸引很多的读者。就像益生堂三蛇胆的一篇广告文案《益生堂打破神话》，全文共计 5 000 字，发布后收到了上万条消费者的咨询。如果一个产品用短文案能描述清楚，那就用短文案，如果用长文案写得会更生动、促销力更强，那就用长文案。

2. 短文案

短文案可以快速传递信息，突出商品卖点，触动顾客痛点，但是短文案较难达到构建丰富场景的效果。对于价格较低的产品，受众在购买的时候一般不会花费太多的时间去比对，所以更适合使用短文案，比如牙刷、纸巾、笔等日用品。

赏文案

好文案，一句话就够了

所有的精打细算，都是在为爱打算。 ——支付宝

踩惯了红地毯，会梦见石板路。 ——万科地产

心里藏了好多事儿，酸也是你，甜也是你。 ——淘鲜达

没人上街，不一定没人逛街。 ——天猫

你未必出类拔萃，但一定与众不同。 ——中国台湾 104 人力银行

看过世界的孩子更强大。 ——JEEP

三、按广告的植入方式分类

电子商务文案按广告的植入方式，可分为硬广告文案和软广告文案。

1. 硬广告文案

硬广告文案是指直接通过媒体渠道进行产品、服务、活动或品牌的宣传的文案。硬广告文案通常需要投入较高的成本，但效果更好，曝光率高，曝光速度快。当企业需要较高曝光度的宣传来提高销售的时候，可以选择硬广告文案。

赏文案

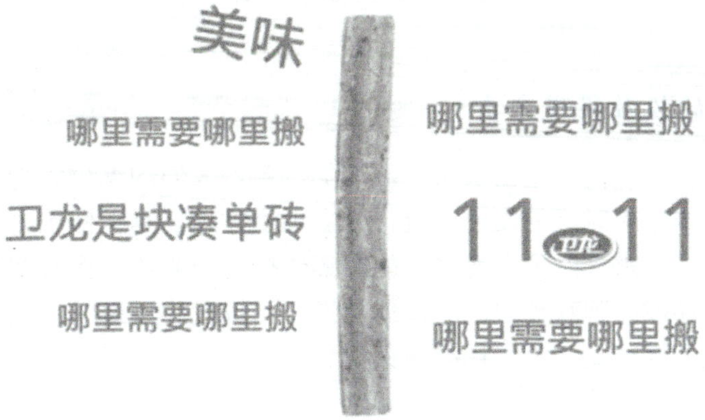

某零食品牌“双 11”广告文案

2. 软广告文案

软广告文案也称软文，通常不直接宣传产品或服务，而是将其巧妙地植入情感故事或经验分享中，以代入情境的方式使得受众注意到要宣传的产品、品牌等。软广告文案具有隐蔽性，投入成本较低，而且它不会使受众产生太大的抗拒心理，更容易被受众接受。只要能够做到“润物细无声”，一般都能带来很好的广告效果。当企业需要补充增强产品或品牌曝光度的时候，可以选择软广告文案。

赏文案

新君子之道，不喧哗，自有声

灯光篇

灯光，是有情绪的
冷静时，他不错过任何有效信息
冷漠时，他谁也不放在眼里
有时候，这条路也因为他而温暖
谁说相逢的都是陌生人
用灯光，say hello
不喧哗，自有声
别克君越，新君子之道

速度篇

在高速行进的路上
我们把什么丢在了后面
加速再加速
却谁也没有甩开谁
风度，是最美的速度

不喧哗，自有声
别克君越，新君子之道

四、按文案的投放渠道分类

新媒体的兴起，给人们的生活带来了巨大的变革，人们的思想观念、行为习惯都在发生变化。企业也必须顺应时代的发展潮流，转变思维方式，真正做到与受众接轨。为了适应互联网经济的发展需求，除了电商平台的文案传播，企业还要将文案投放到受众所在的新媒体平台，使产品或品牌获得快速的宣传与推广。按投放渠道的不同，可将电子商务文案分为资讯类文案、社交类文案、视频类文案。

1. 资讯类文案

资讯类文案是指在资讯类平台上发布的电子商务文案。在各大资讯类平台（如今日头条、腾讯新闻、网易新闻等）上有不少企业的宣传文案，因为这些资讯平台是网友接收新闻资讯的主要途径，用户使用时间长、频次高、黏性强，所以在这些平台发布电子商务文案，广告形式比较丰富，通常可以达到很好的营销效果。但是这些平台用户量大而杂，一般情况下精准度有限，适合强曝光。

赏文案

某快餐品牌今日头条文案

2. 社交类文案

社交类文案是指在社交平台发布的电子商务文案。社交类媒体主要包括微信、微博等。这类平台用户互动性强，拥有庞大流量，覆盖面广，日活用户数高，用户黏性大，年轻用户集中，适合品牌宣传。

赏文案

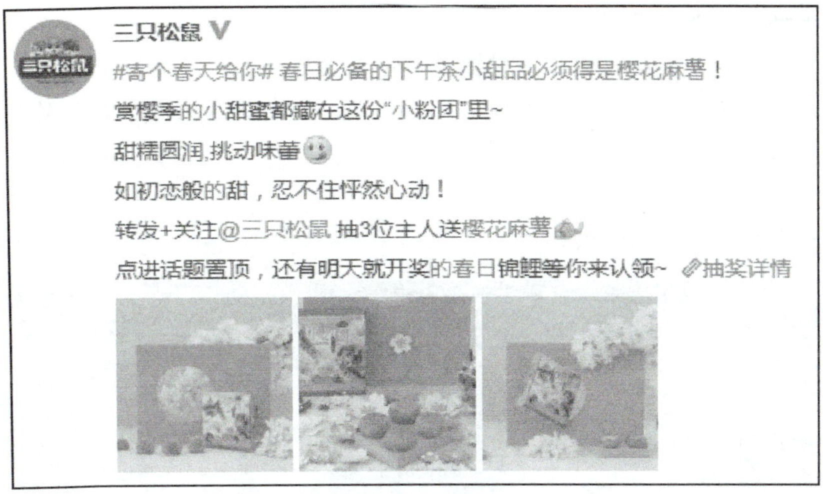

某零食品牌微博文案

3. 视频类文案

随着互联网时代的高速发展，市场营销越来越侧重于视频内容营销，各大电商企业开始与宣传片制作公司合作，制作出内容丰富的电商视频，以求能在营销中起到重要作用。视频平台，视频是重心，文案只是绿叶，不过不难发现，有时一句好文案就能把一条视频推向大众。

视频类文案几乎适合各行各业进行内容呈现，几十秒的视频所承载的内容往往是图文形式大费篇章才能表达的，短视频更是适合受众利用碎片化时间接收信息，有趣、有料的视频容易迅速被传播分享。

赏文案

某快餐品牌视频——《位子》文案

有时候，一个人想找到自己的位子，是要花点时间的
这世界有多少人，就有多少位子
有些位子已经有人坐了，有些位子得和别人挤一挤
而有些位子，还没坐热，就不得不站起来让座
有时候，你明明知道，有多少人想坐这个位子，可那又怎样
也许摔过几次跤，下次就能坐得更稳当些
选择坐下，还是路过

尽管坐在你身边的人，也许会站起来先走
我知道，你很害怕选错
有时候一回头，你也会羡慕别人的位子
可你知道，只要向前走，就一定能看到自己的位子
找个好位子，不是件容易的事
但好在，越来越多的新位子正在冒出来
值得去坐吗？谁也回答不了
只有坐下去，你才知道，这位子究竟适不适合自己
曾坐在这些位子上的人们啊！愿你们走出这扇门，都将找到属于自己的位子！
＃青春就位＃
49 元青春就位桶
献给每一个努力寻找位子的你

某快餐品牌《位子》视频截图（1）

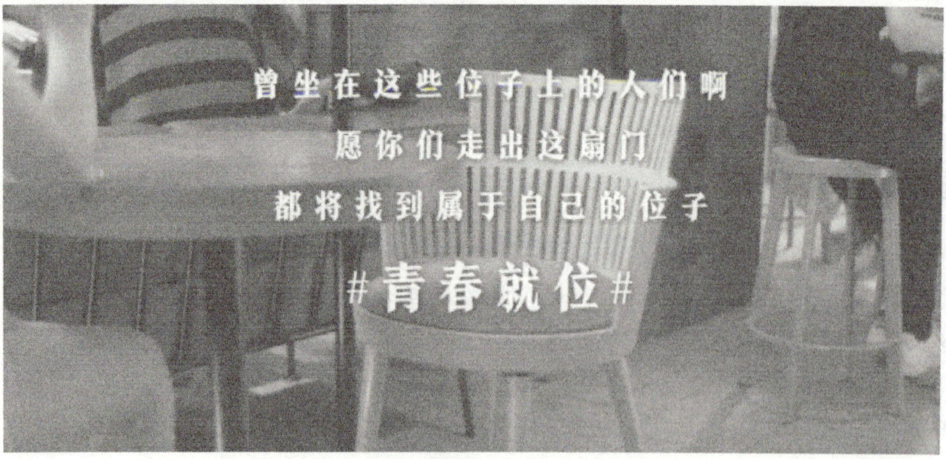

某快餐品牌《位子》视频截图（2）

任务实施

一、分析销售文案与品牌文案

1. 分析并对比销售文案和品牌文案的内容

销售文案和品牌文案有着不同的商业目的，两种文案要体现各自的目的，分别必须具备什么内容？

（1）销售文案的内容：

____

（2）品牌文案的内容：

____

2. 区分销售文案和品牌文案

图 1-5 所示的两个广告分别属于销售文案还是品牌文案？

图 1-5　企业广告

3. 分析电子商务文案任务

请分析以下两个任务中的文案分别属于品牌文案还是销售文案。

（1）老板："我们有一个新产品要上架到电商网站，你去写个商品介绍吧。"

____

（2）老板："我们在高铁站有一个广告牌可以用，你看下放什么广告文案比较好。"

____

二、分析微信文案

微信逐渐发展成为我们生活中不可缺少的一部分，在这样的情况下，很多商家就看中了其中的商机，频频在微信中发布广告。打开你的微信，看看哪些内容是广告文案，说说它们分别是哪种类型的文案、具有什么特点、表现形式如何，并完成表 1-3。

表 1-3　微信广告文案类型

文案类型	文案特点（长、短、软、硬等）	表现形式
微信朋友圈广告		
微信公众号广告		

三、分析产品生命周期不同阶段的文案

产品生命周期是指产品从进入市场到最后被淘汰退出市场的全过程，典型的产品生命周期包括四个阶段：导入期、成长期、成熟期和衰退期。

处于生命周期不同阶段的产品，其市场需求量、市场竞争状况、消费者心理、市场营销策略等都有不同的特点，因此，各阶段的广告策略也应针对不同阶段的特点而有所不同。请尝试分析产品生命周期各个阶段文案的内容设计以及文案类型的选择，完成表 1-4，并与同学分享探讨你的见解。

表 1-4 产品生命周期不同阶段的电子商务文案

产品生命周期	市场状况	电子商务文案内容	电子商务文案类型
导入期	产品刚上市，开拓市场		
成长期	产品被市场接受，市场占有率上升		
成熟期	市场占有率达到最高，销售增长趋缓		
衰退期	市场占有率下降，产品销售额下降，利润降低		

四、收集各类电子商务文案作品

借助网络，阅读各种广告，分别找出以下类别的电子商务文案，可复制或截图，完成表 1-5。

表 1-5 各类电子商务文案收集

类型	电子商务文案作品
销售文案	
品牌文案	
长文案	
短文案	
软广告文案	
硬广告文案	
资讯类文案	
社交类文案	
视频类文案	

五、初探优秀文案

你觉得什么样的文案才是优秀的文案？分享你近期看到的优秀文案，并谈谈该文案的优秀之处。

综合练习

一、判断题

1. 传统文案仅指广告作品中所有的语言文字，而电子商务文案则涵盖了文字、图片、视频、超链接等多种元素。（　　）

2. 为新产品服务的文案，应详细介绍商品特征，全方位展示产品，体现其独特性与

“新”的特点。（　　）

3. 文案是让用户在强制广告的宣传下，达到广告宣传效果。（　　）

4. 销售文案是主导用户认知和情感的文案。（　　）

5. 电子商务文案的多元化能很好地建立起商家与消费者之间的信任关系。（　　）

二、单选题

1. 文案的英文名称为（　　）。

A. writer　　B. copy writer　　C. speaker　　D. copy reader

2. 下面关于电子商务文案的营销作用的说法不正确的是（　　）。

A. 电子商务文案兼具广告和新闻的特征，具有很强的广告效应

B. 电子商务文案能帮助企业树立形象，提高综合竞争力

C. 电子商务文案能够传递口碑效应，给受众留下深刻印象

D. 电子商务文案之所以营销效果突出是因为在每个新媒体渠道中都投放了广告

3. 下面关于电子商务文案常见载体的说法正确的是（　　）。

A. 微信有微信公众账号和朋友圈两种方式进行文案推广

B. 淘宝、京东等电商平台中的文案常以软文广告植入为主

C. 微博文案只有结合时事热点写出有关注度的文章才能吸引受众

D. 论坛文案最重要的是创意，有创意可以吸引受众点击

4. 下面关于文案的说法正确的是（　　）。

A. 文案是广告的核心，文案创意决定了对受众的吸引力

B. 文案是受众了解商品或服务的一个渠道

C. 文案是指广告作品中所有的语言文字

D. 电子商务文案主要以图片、视频和超链接来吸引受众

5. 按照广告植入方式分类，可将电子商务文案分为（　　）。

A. 销售文案和品牌文案　　B. 长文案和短文案

C. 软广告文案和硬广告文案　　D. 资讯类文案和视频类文案

6. 下列关于电子商务文案的说法不正确的是（　　）。

A. 按广告目的可以分为销售文案和品牌文案

B. 行业属性不同，适用的文案类型也不同。在价格昂贵、顾客的决策成本较高的行业，通常要运用长文案；而在价格较低、顾客决策成本较低的行业，则一般运用短文案

C. 一般而言，企业会根据不同情况进行选择。当需要增加品牌曝光次数及直接带动销售时，企业会选择硬广告

D. 传播渠道不同，文案的表现形式可以相同

7. 销售文案中需要有明确的购买引导，下列不属于该内容的是（　　）。

A. 立即购买　　B. 立即抢　　C. 一键加购　　D. 查看其他

三、多选题

1. 下面属于传统媒体的是（　　）。

A. 报纸　　B. 广播　　C. 楼宇广告　　D. 数字电视

2. 电子商务文案具有以下哪些特点？（　　）

A. 内容多元化　　B. 互动性强　　C. 推广力度大　　D. 时效性强

3. 按文案的目的进行分类，可以将电子商务文案分为（　　）。

A. 销售文案　　B. 活动文案　　C. 品牌文案　　D. 节日文案

4. 以下属于电子商务文案常用载体的是（　　）。

A. 微信　　B. 微博　　C. 电商平台　　D. 社群

5. 微博文案主要是通过（　　）等互动行为来进行传播。

A. 私信　　B. 转发　　C. 评论　　D. 点赞

四、案例分析题

2013年1月31日，广州市中级人民法院裁定，加多宝应立即停止使用“王老吉改名为加多宝”“全国销量领先的红罐凉茶改名为加多宝”或与之意思相同、相近的广告语进行广告宣传的行为。随后，加多宝官方微博连发4条主题为“对不起”的自嘲系列文案，并配以幼儿哭泣的图片，引发上万网友转发。而在同一天的傍晚，微博上又出现了王老吉版的“没关系”文案，并配以幼儿微笑的图片，回应加多宝的“对不起”。两条微博共引来十几万网友的转发和评论。图1-6所示为“对不起”和“没关系”文案。

图1-6　“对不起”和“没关系”文案

阅读案例，回答以下问题：

1. 两条微博为什么能引来十几万网友的转发和评论？

2. 加多宝的文案给它带来了什么影响？

项目二

电子商务文案做什么

项目目标

知识目标

1. 了解电子商务文案的岗位要求和工作职责。
2. 明确电子商务文案的知识目标和能力目标。
3. 了解应聘电子商务文案相关岗位的准备工作。

能力目标

1. 能快速总结电子商务文案的核心工作职责。
2. 能提炼电子商务文案的关键专业能力目标。

情感目标

1. 锻炼资料收集汇总能力、学习能力、创新管理能力。
2. 培养探索与创新思维，增加对电子商务文案岗位的认知，能进行学习生涯与职业生涯规划。

项目导读

科技的不断进步，互联网的快速发展，使得电子商务行业的规模空前巨大。截至2020年12月，我国网络购物用户规模达7.82亿，占网民整体的79.1%；手机网络购物用户规模达7.81亿，占手机网民的79.2%。在规模如此庞大的交易中，电子商务文案发挥着举足轻重的作用。本项目从电子商务文案的岗位描述入手，深入分析电子商务文案的岗位要求和工作职责、知识目标和能力目标。

- 电子商务文案做什么
  - 电子商务文案的岗位描述
    - 电子商务文案的岗位要求
    - 电子商务文案的工作职责
  - 电子商务文案的知识和能力要求
    - 电子商务文案的知识要求
    - 电子商务文案的能力要求

项目引例

某企业淘宝店铺文案策划岗位职责

岗位职责是一个具象化的工作描述，指一个岗位所需完成的工作内容以及应当承担的责任范围。以下为某电子商务企业招聘淘宝店铺文案时，对于岗位职责的描述：

1. 负责天猫店铺详情页文案设计、banner 广告图文案设计；
2. 负责各大活动方案及文案设计；
3. 负责天猫广告资源（钻展）文案创意；
4. 负责活动及宝贝描述文字的撰写、配图文字的撰写；
5. 负责对上线产品的内容、功能进行方案策划，提炼卖点和创意，撰写文案，侧重用户界面的文字表达；
6. 负责公司电商各项目的方案策划，能够独立完成方案的策划、撰写；
7. 负责对公司天猫店铺活动进行直观感性、富有吸引力的描述，发掘卖点并做细节描述，切实提高商品转化率；
8. 负责公司微信公众号内容编辑和日常运营，能结合当下热门话题，快速反应。

案例分析：

从以上招聘信息当中，我们可以了解到该企业的文案岗位除了对于文案创作与编辑有具体的要求，还需要从业人员具备美工设计、新媒体运营、活动方案策划、市场营销等多种能力。

专业的电子商务文案人才，既要有掌握企业品牌调性的大局观，又要有拿捏产品细节的精准度；既要有创新的勇气，又要迎合受众的需求。目前电子商务行业需要的是综合性的营销文案创作人才。

任务一 电子商务文案的岗位描述

情景导入

小晴学习完电子商务文案的基础知识后，已经对电子商务文案有了初步的认识。她有意进入电商公司从事文案工作，但又担心自己所学专业不符，她应该做哪些准备呢？下面就从了解电子商务文案的岗位要求和工作职责开始吧！

任务目标

1. 了解电子商务文案的岗位要求。
2. 了解电子商务文案的工作职责。

知识储备

互联网时代的到来改变了企业传统的营销模式，电子商务成为许多企业的另一发展方向。在社会潮流大变革的推动下，企业必须做出改变，不然就会被市场淘汰。在互联网商业模式下，电子商务文案人员作为连接企业与受众的关键枢纽，将会成为企业急需的人才。因此，充分了解电子商务文案的岗位要求和工作职责，可以为电子商务文案从业人员打好坚实的工作基础。

一、电子商务文案的岗位要求

电子商务文案的岗位要求主要有以下四个方面。

1. 有一定的文字功底

电子商务文案属于文字类工作，从业人员要有扎实的文字写作基础，确保有一定的遣词造句技巧，文案语言流畅通顺，风格和情感能够打动目标人群。

2. 思维活跃有创意

一个优秀的电子商务文案工作者，思维要活跃敏捷有创意。文案人员需要抓住产品的亮点与卖点，擅于察觉用户的需求点与痛点，并进行直观感性和富有吸引力的描述。在把握企业产品的品牌风格后，通过运用多种写作风格与手法，最终提炼出最富创意且最简洁的文案作品，是促进产品销售的关键，而这些都离不开敏捷、富有创意的思维。

3. 综合性的职业能力

除了扎实的写作基础，电子商务文案人员还需要具备综合性的职业能力，比如美工设计能力、方案编写能力、销售能力、信息收集能力、活动策划及推广能力等。

4. 良好的个人素质

优秀的电子商务文案人员，除具备创新能力与综合性的职业能力外，还需具备积极的工作心态、较高的执行能力、合作精神、高效的学习能力、抗压能力和良好的性格等良好的个人素质。

二、电子商务文案的工作职责

一般来讲，电子商务文案的工作职责分为狭义和广义两种。

1. 狭义的电子商务文案工作职责

狭义的电子商务文案工作职责主要是从事电商企业的商品文案编写、卖点挖掘和简单的宣传推广工作，主要包括以下几点：

（1）负责产品亮点与营销卖点的提炼，以及各种新媒体渠道营销文案的撰写。

（2）负责商品详情呈现、页面描述、挖掘关键词等文案编辑。

（3）负责相关资料的搜集和整理分析工作，选择合适的推广方式，并实时跟进推广效果。

2. 广义的电子商务文案工作职责

广义的电子商务文案工作职责除基本的文案编写之外，还包括活动策划、新媒体运营、美工设计等，如图 2-1 所示。

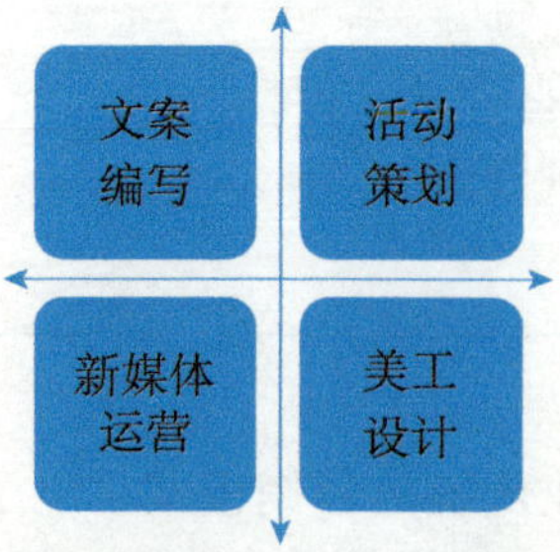

图 2-1 广义的电子商务文案工作职责

(1) 文案编写。

文案编写是电子商务文案人员最为基本和核心的工作职责，直接影响着其他工作职责的履行，也影响着企业产品的推广和销售的转化。

(2) 活动策划。

电子商务文案人员只有参与到企业产品的活动策划中，了解具体的活动策划的内容，才能够写出有针对性、卖点突出的文案作品。活动策划通常需要一份可执行、可操作、创意突出的活动策划案，很多时候，活动策划案就是一份文案，电子商务文案人员就是活动策划案的编写者。所以，活动策划也属于电子商务文案的职责范围。

赏文案

支付宝集五福活动

2017 年 1 月 18 日，支付宝集五福活动上线，标志着支付宝在春节小年开始前吹响了与微信和手机 QQ“红包战役”的号角。用户集齐爱国福、富强福、和谐福、友善福以及敬业福，即可瓜分 2 亿元红包，最高可获得 666 元的红包。1 月 18 日活动一上线，参与的用户就开始“疯狂”集福，引发热议。

支付宝集五福活动界面

在2月7日20:00—24:00春晚播出期间，节目组通过“任意扫”与观众互动，赠予“福”字，将活动推向了高潮。这种形式既增加了集福的趣味性，又增强了集福活动的权威性、可靠性。此次支付宝集五福活动策划缜密，层层递进，利用春晚推波助澜，新用户注册数大大增加，用户之间的互换五福也增强了支付宝的社交属性，其中的文案策划功不可没。

（3）新媒体运营。

一份电子商务文案作品要想取得理想的呈现效果，往往需要具体的运营层面配合好推广。新媒体运营通过策划品牌的优质传播性内容和线上活动，充分利用“粉丝”经济，向客户广泛或精准地推送消息，从而提高品牌或商品的知名度，达到营销目的。新媒体运营过程中需要根据实际情况对文案进行更有针对性的改进，所以，新媒体运营也属于电子商务文案的职责范围。

赏文案

开辟微信阵地

某化妆品品牌在淘宝电商平台积累了大批“粉丝”，在新媒体营销浪潮下，该品牌又发力微信生态，开辟了新的传播阵地。该品牌通过“公众号+社群+小程序”的形式，打造完整的社交关系链和商业闭环，沉淀和深度运营用户，获得了大量用户留言与互动，效果显著。

某化妆品品牌微信布局

（4）美工设计。

美工设计是网店页面编辑美化工作者的简称，需熟悉Photoshop、Corel DRAW、Illustrator 等软件的应用，了解产品的特征，准确判断用户群需求，并能设计引人注目的海报。文案设计和创作需要与产品美工设计进行无缝隙的配合，才能达到事半功倍的效果，所以，美工设计也是电子商务文案的职责范围。

赏文案

双肩包：横竖都是它

某款双肩包的海报文案用简洁有力的文字“横竖都是它”来体现双肩包的最大卖点，再通过美工设计的配合，对产品和辅助文案进行排版和色彩搭配，最终呈现出一张有创意的海报。

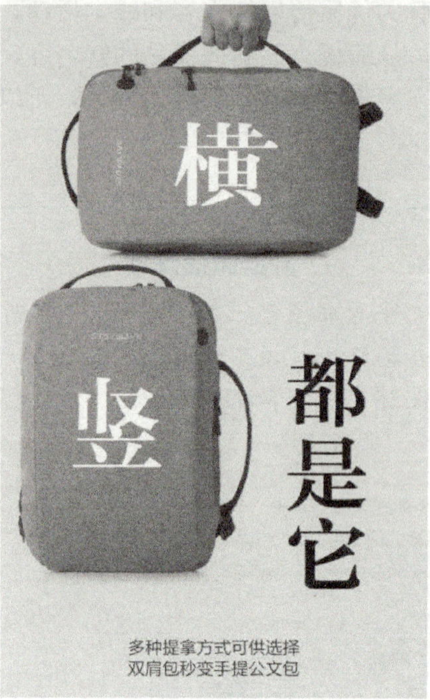

双肩包海报文案

任务实施

一、搜集电子商务文案岗位需求信息

请在招聘网站中搜集电子商务文案相关岗位的需求信息，并将企业名称、行业、岗位名称、岗位需求记录下来，完成表 2-1。

表 2-1 电子商务文案岗位需求信息

序号	企业名称	行业	岗位名称	岗位需求
1				
2				
3				
4				

续表

序号	企业名称	行业	岗位名称	岗位需求
5				

二、分析各企业对于电子商务文案岗位需求的异同

根据表 2－1 中的五条岗位信息，分析各企业对于电子商务文案岗位需求的异同，完成表 2－2。

表 2－2　各企业对于电商文案岗位需求的异同

序号	岗位需求的相同点	岗位需求的不同点
1		
2		
3		
4		
5		

三、认识自己，反思不足之处

通过电子商务文案岗位需求的搜集、分析，剖析自己，若你想成为一名合格的电子商务文案人员，你已具备哪些能力？哪些方面还需学习提升？

已具备能力：________________

待提升能力：________________

任务二　电子商务文案的知识和能力要求

情景导入

在了解了电子商务文案的岗位要求和工作职责之后，小晴又想到一个问题：面对电商的快速发展和媒体环境的持续变化，电子商务文案需要具备哪些关键知识和能力呢？小晴开始从各企业的招聘信息中搜集从事电子商务文案工作应该具备的知识素养和能力素养，然后紧锣密鼓地制订了详细的学习计划。

任务目标

1. 了解电子商务文案的知识要求。
2. 了解电子商务文案的能力要求。

知识储备

当代社会的商业竞争十分激烈，为了寻求发展，很多传统行业都在由传统模式向互联网模式转变。已成功实现转变的这类企业所需要的人才不仅要懂得市场的营销定位策略，熟练使用各种软件，还要熟知消费者心理并能够准确运用各种推广方式，而这也是企业对电子商务文案岗位人才的要求。

一、电子商务文案的知识要求

电子商务文案涉及的领域十分广泛，需要掌握的知识也包罗万象。一般而言，电子商务文案的知识要求可以分为横向维度的和纵向维度的。

1. 横向维度的知识要求

从横向维度来看，一个合格的电子商务文案人员需要掌握并熟练运用 Microsoft Office 编辑软件、图文排版编辑工具、图形图像编辑美化软件等，如图 2-2 所示。

图 2-2 电子商务文案人员所需掌握的部分编辑软件

(1) Microsoft Office 编辑软件。

Microsoft Office 是由 Microsoft（微软）公司开发的一套基于 Windows 操作系统的办公软件套装。常用组件有 Word、Excel、PowerPoint 等。

(2) 图文排版编辑工具。

文案人员创作的文案再精彩，如果不用图文排版编辑工具进行美化修饰，就很难吸引消费者的注意力。图文排版编辑工具可以提供精美的版式和海量的素材，比如 135 编辑器、365 编辑器、秀米编辑器等。

(3) 图形图像编辑美化软件。

Photoshop 是最常用的图形图像编辑工具之一，用户通过其编修与绘图功能，可以有效地进行图片编辑工作。Photoshop 在图像、图形、文字、视频、出版等各方面都有应用，从功能上看可分为图像编辑、图像合成、校色调色及特效制作等。

2. 纵向维度目标

从纵向维度来看，一个优秀的电子商务文案人员需要掌握市场营销知识、美学知识、摄影知识，还需要在不同的电商社交媒体环境下，如微博、微信、淘宝、京东、拼多多等，随意切换不同的文案写法。

(1) 市场营销知识。

掌握基本的市场营销知识，文案人员才能够对消费者需求有更深刻的了解，对销售方法、推广方法、销售渠道等进行更有针对性的文案尝试。

（2）美学知识。

美学知识是指个体在审美实践活动中所形成的关于感受美、体验美、欣赏美、创造美的一种持久的稳定经验体系。文案人员经常要参与海报创作和文案字体颜色的创作，所以对于图片的审美，以及对于配色和字体的审美，就显得尤为重要。

（3）摄影知识。

文案人员或多或少也会接触到产品的摄影过程，产品摄影成果的好坏，直接影响到海报和文案的设计。

（4）不同电商社交媒体环境下文案的写法。

文案的写法不是一成不变的，文案人员需要掌握不同平台环境下的文案写法。此知识本书在后面有详细介绍，这里不再赘述。

【敲黑板】

电子商务文案横向维度的知识要求主要指编辑软件和工具的运用，纵向维度的知识要求主要指对相关知识的掌握。

小知识

鲁迅先生竟还是位平面设计师

说起鲁迅先生，我们可能会想起他的《狂人日记》、他的《呐喊》，或者其他的一些文学作品。鲁迅先生的作品对中国的影响实在太大了，乃至今天，我们的中学课本里都有不少他的文章。不过今天我们不谈论作为文学家的鲁迅，我们来谈谈北京大学校徽设计者——伟大的设计师鲁迅先生。

可能很多人都不知道，北京大学的校徽设计者是鲁迅先生。1916 年蔡元培出任北京大学的校长，他与鲁迅先生私交甚好，便邀请他为北大设计校徽，鲁迅先生于 1917 年 8 月将校徽设计完成。其图案以篆体的“北大”二字为主体，巧妙的是下面的“大”字像一个人，上面的“北”字又像两个人，构成了“三人成众”的意象。这么看来，鲁迅先生不仅文笔犀利，审美与设计能力更是一流，值得文案人员学习。

北京大学校徽

二、电子商务文案的能力要求

电子商务文案人员有两大能力要求：写作能力要求和思维能力要求。

1. 电子商务文案的写作能力要求

电子商务文案人员需要具备扎实的文字功底，以及富有逻辑的文字表达写作能力。具体包括以下要求：语文基础要扎实，不允许出现语病、错别字这些常识性的错误；要具备一定的文采，用词用语尽量精炼，遣词造句有思想、有内涵；构思能力要强，既能够组织短篇文案的编写，也能够驾驭长篇文案的架构。写作能力主要包括以下三个方面：

（1）阅读能力。

阅读能力，是文案创作者首先需要具备的一大技能。写作能力的根本就在于阅读能力。对于文案创作者而言，阅读应该像呼吸那样自然而持续，并且这种阅读不应是随性的消遣娱乐，而应是一项需要长期坚持的任务。

赏文案

奥美广告经典文案《我害怕阅读的人》

不知何时开始，我害怕阅读的人。就像我们不知道冬天从哪天开始，只会感觉夜的黑越来越漫长。

我害怕阅读的人。一跟他们谈话，我就像一个透明的人，苍白的脑袋无法隐藏。我所拥有的内涵是什么？不就是人人都能脱口而出、游荡在空气中最通俗的认知吗？像心脏在身体的左边，春天之后是夏天。但阅读的人在知识里遨游，能从食谱论及管理学，从八卦周刊讲到社会趋势，甚至空中跃下的猫，都能让他们对建筑防震理论侃侃而谈。相较之下，我只是一台处在MP3时代的录音机：过气、无法调整。我最引以为傲的论述，恐怕只是他多年前书架上某本书里的某段文字，而且，还是不被荧光笔画线注记的那一段。

我害怕阅读的人。当他们阅读时，脸就藏匿在书后面，书一放下，就以贵族王者的形象在我面前闪耀，举手投足都是自在风采。让我明了，阅读不只是知识，更是魔力。他们是懂美学的牛顿，懂人类学的凡·高，懂孙子兵法的甘地。血液里充满答案，越来越少的问题能让他们恐惧。他们仿佛站在巨人的肩膀上，习惯俯视一切。那自信从容，是这世上最好看的一张脸。

我害怕阅读的人。因为他们很幸运，当众人拥抱孤独或被寂寞拥抱时，他们的生命却毫不封闭，不缺乏朋友的忠实、不缺少安慰者的温柔，甚至连互相较劲的对手，都不致匮乏。他们一翻开书，有时会因心有灵犀而大声赞叹，有时又会因立场不同而陷入激辩，有时会获得劝导或慰藉。这一切毫无保留，又不带条件，是带亲情的爱情，是热恋中的友谊。一本一本的书，就像一节节的脊椎，稳稳地支持着阅读的人。你看，书一打开，就成为一个拥抱的姿势。这一切，不正是我们毕生苦苦找寻的吗？

我害怕阅读的人。他们总是不知足。爱因斯坦这个世界上智者中的最聪明者，临终前曾说："我看我自己，就像一个在海边玩耍的孩子，找到一块光滑的小石头，就觉得开心。后来我才知道自己面对的，还有一片真理的大海，那没有尽头。"读书人总是低头看书，忙着浇灌自己的饥渴，他们让自己变成敞开的桶子，随时准备装入更多、更多、更多。而我呢？手中抓住小石头，只为了无聊地打水漂而已。有个笑话这样说：人每天早上起床，只要强迫自己吞一只蟾蜍，不管发生什么，都不会再害怕。我想，我快知道蟾蜍的味道了。

我害怕阅读的人。我祈祷他们永远不知道我的不安，免得他们会更轻易地击垮我，甚至连打败我的意愿都没有。我如此害怕阅读的人，因为他们的榜样是伟人，就算做不到，退一步也还是一个我远不及的成功者。我害怕阅读的人，他们知道“无知”在小孩身上才可爱，而我已经是一个成年人。我害怕阅读的人，因为大家都喜欢有智慧的人。我害怕阅读的人，他们能避免我要经历的失败。我害怕阅读的人，他们懂得生命太短，人总是聪明得太迟。我害怕阅读的人，他们的一小时，就是我的一生。我害怕阅读的人，尤其是，还在阅读的人。

（2）资料搜集整理能力。

对于电子商务文案人员来说，在搜集整理资料的时候，很有可能会产生写作的灵感。文案人员平时可以通过一些优秀的文案网站积累素材，或者在一些社交平台搜索文案，也会获得大量的文案知识。这样不仅能够丰富自己的知识，还能够在创作文案时信手拈来，提高工作效率。

（3）坚持写作能力。

除了文字功底、逻辑能力、阅读能力和资料搜集整理能力，电子商务文案人员还需要具备坚持写作的能力。写作能力的培养需要长期创作的积累，灵感也需要不断积累才能够适时迸发出来。通过给自己制订一个写作计划或者写作目标，可以有效地提高写作能力。

2. 电子商务文案的思维能力要求

电子商务文案人员还需要有洞察和理解的思维能力，能够在品牌意识的基础上，探知客户的需求，然后用大众喜闻乐见的方式将文案作品呈现给受众。思维能力主要包括以下两个方面：

（1）模仿思维。

文案人员在写作初期，经常会经历思维干涸，绞尽脑汁都写不出东西的阶段。这时候不要气馁，不妨从前辈们的文案中寻找灵感，在不抄袭的基础上，适当模仿。比如一些经典句式和结构，都可以作为文案新手们的模仿对象。站在巨人的肩膀上先模仿再创作也不失为一种好方法，在模仿中进行创新，多加练习，慢慢总结出自己的经验与个人风格。

（2）挖掘创意思维。

对于电子商务文案人员来说，好的创意也许就藏在商品中或用户心里，文案人员要做的，不仅是“创造”商品文案，更是把商品表达出来。善于挖掘产品的特点，形成创意，这需要对品牌和产品有深刻的了解。

考考你

下图所示是一位电子商务文案人员为某收纳包创作的电商海报文案，你能说出这份海报体现了这位电子商务文案人员什么样的思维能力吗？为什么？

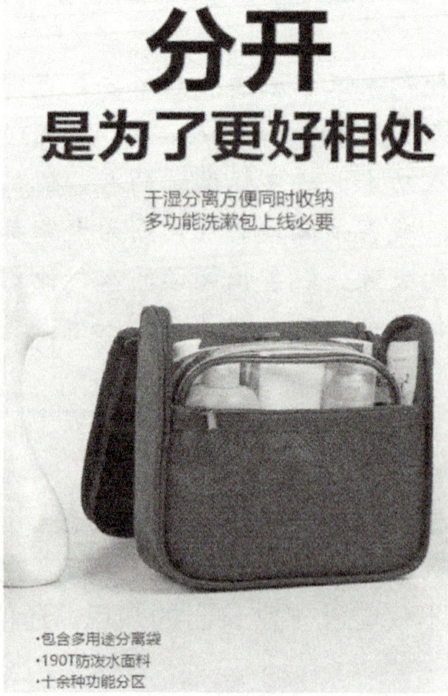

某收纳包的电商海报文案

任务实施

一、分析电商网站文案

图 2 - 3 所示为天猫超市和京东超市首页界面，在文案和画面感上，你更喜欢哪一个？为什么？

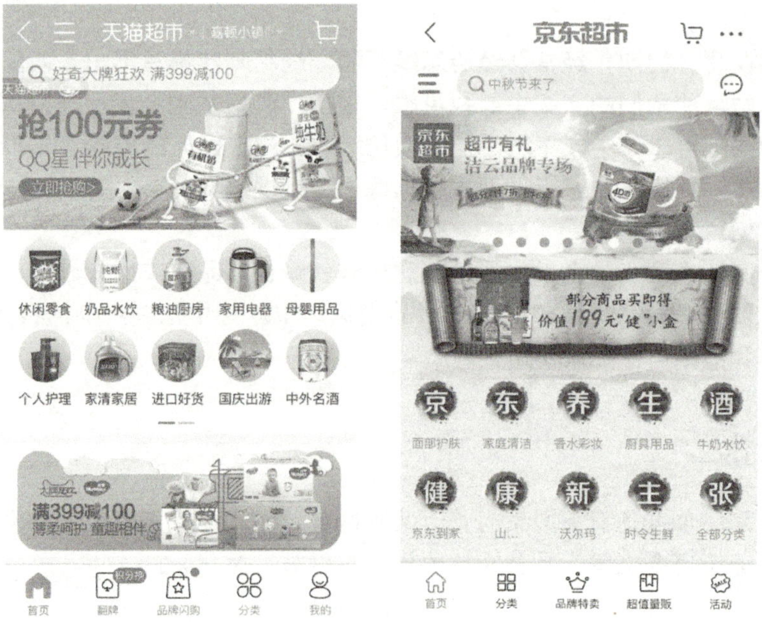

图 2 - 3　天猫超市和京东超市首页界面

二、总结电子商务文案的知识和能力要求

(1) 回顾上题，说一说天猫超市和京东超市首页界面的设计体现了文案人员的什么知识和能力。

____

(2) 你觉得你现在具备上题所述的知识和能力吗？说出你的优势和不足。

优势：______________________________

不足：______________________________

三、撰写个人介绍文案

假如你是一名微商，请为自己写一段个人介绍，让更多的客户通过你的好友申请。

____

综合练习

一、判断题

1. 电子商务文案只需要具备文字编写能力就可以。(　　)

2. 广义的电子商务文案的工作职责主要是从事电商企业的商品文案编写、卖点挖掘和简单的宣传推广工作。(　　)

3. 从纵向维度的知识要求来看，一个合格的电子商务文案人员需要掌握并熟练运用的工具有 Microsoft Office 编辑软件、图文排版编辑工具、图形图像编辑美化软件等。(　　)

4. 写作能力的根本在于阅读能力。(　　)

二、单选题

1. 下面关于电子商务文案岗位要求的说法不正确的是（　　）。

A. 电子商务文案岗位的名称有电子商务内容策划编辑、内容运营等

B. 企业招聘文案岗位只面向广告、新闻、市场营销、中文等相关专业学生

C. 有时候电子商务文案也要负责各大活动方案及文案设计

D. 电子商务文案岗位除了要有一定的文字功底，还需要具备创意性的思维

2. 下面关于电子商务文案能力要求的说法正确的是（　　）。

A. 语文基础要扎实，有时可允许出现语病、错别字这些常识性的错误

B. 电子商务文案人员不需要有洞察和理解的能力

C. 电子商务文案新手有时可在模仿中进行创新

D. 电子商务文案人员平时的资料搜集降低了工作效率

3. 下面关于电子商务文案工作职责的说法不正确的是（　　）。

A. 电子商务文案的工作职责可分为狭义与广义两种

B. 新媒体运营同样需要撰写文案，可以将其纳入电子商务文案的职责范围

C. 美工设计与文案无关，所以不必将其纳入电子商务文案的职责范围

D. 产品亮点与营销卖点提炼属于狭义电子商务文案的工作职责

三、多选题

1. 下列属于广义的电子商务文案工作职责的是（　　）。

A. 美工设计　　B. 新媒体运营　　C. 文案编写　　D. 内容策划

2. 电子商务文案人员所需具备的能力有（　　）。

A. 写作能力　　B. 思维能力　　C. 销售能力　　D. 演讲能力

四、案例分析题

2020 年，在全民隔离在家、共同抵抗疫情的状态下，优酷以不同于传统节目剧照的海报形式，推出了“上优酷，看见中国人的福气”系列海报，如图 2－4 所示。四个不同内容维度的主推节目——《德云社封箱》《乡村爱情 12》《一桌年夜饭》《演技派》，以中国水墨风格对应节目的经典元素，来解读在优酷能看见福气的主题。

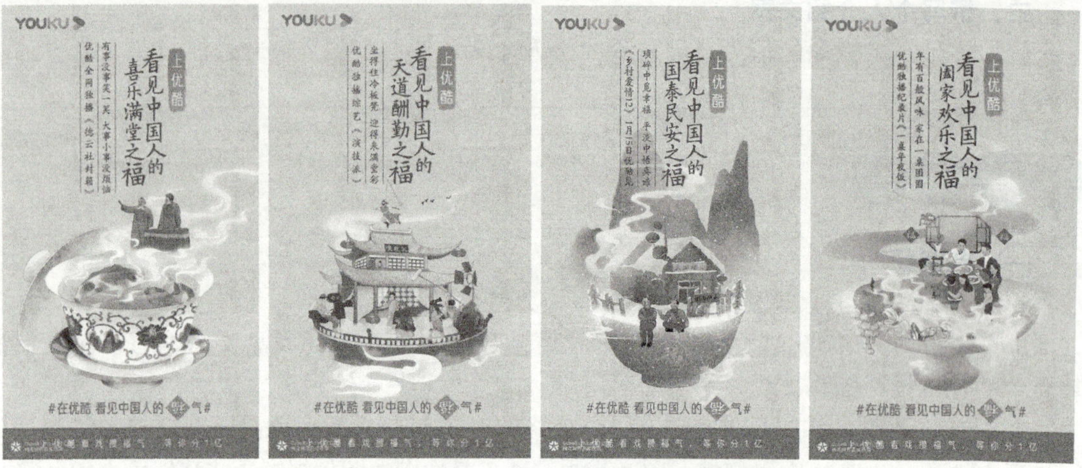

图 2－4　优酷海报文案

阅读案例，回答以下问题：

1. 该系列海报文案抓住了什么主题？

2. 该系列海报文案突出了文案人员的什么知识和能力？请你分析一下。

创作篇

项目三

电子商务文案对谁说

项目目标

知识目标

1. 了解用户画像的概念。
2. 掌握构建用户画像的步骤。
3. 能进行简单的用户属性分析。

能力目标

1. 能根据需求采集数据并进行数据分析建模。
2. 能初步使用标签构建用户画像。

情感目标

1. 养成通过用户画像了解用户的思维习惯，培养电商思维。
2. 养成在生活中善于观察的习惯，培养对数据标签的敏感度。

项目导读

文案要对消费者有价值，要寻找消费者感兴趣的话题，贴合消费者需求，才能有效传达文案内容所包含的产品信息，使消费者在解读这些信息后，将自己的需求与产品、品牌联系起来，进而起到促销的作用。因此，文案人员要学会揣摩消费者的心理，让自己的文案从多方面出发，做到晓之以理、动之以情，引起消费者情感上的共鸣，促使消费者产生购买动机。想要更好地了解消费者的喜好，就需要借助用户画像，用户画像是文案人员了解用户的有效途径。本项目将从如何构建用户画像、如何进行用户属性和兴趣分析入手进行相关知识点的介绍。

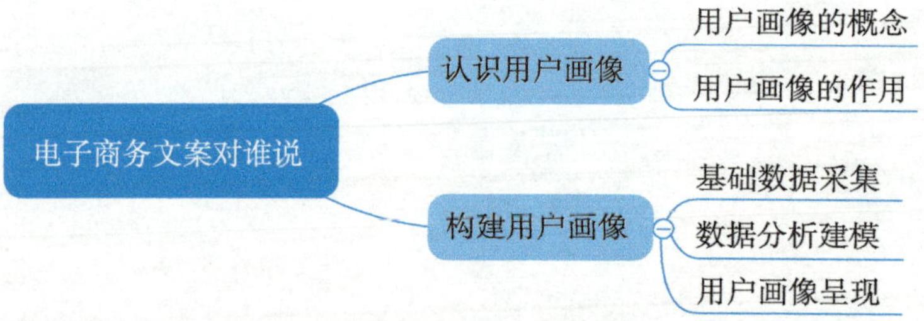

项目引例

这一年，淘宝记录了这样的你

2013年淘宝个人年度账单中首次出现用户画像——“这一年，淘宝记录了这样的你”，一时引起大量的围观和转发评论。从网友晒出的自画像中可以看到，此账单可不是简单地罗列一堆数字，而是淘宝网根据消费者一年的消费状况以及性别、年龄等特征给出的不同的消费者自画像。如“过去的一年，你在淘宝上花掉17 328.66元，总共收到263个包裹，无数快递小哥为你狂奔了34 928.26公里”。大家首次看到自己的自画像，也开始明白为什么淘宝的“猜你喜欢”每次都能推荐得恰到好处。

淘宝账单中的个人自画像案例（1）

淘宝账单中的个人自画像案例（2）

案例分析：

用户画像作为一种勾画目标用户、连接用户诉求与设计方向的有效工具，在各领域均有广泛应用。在电商领域，企业为充分掌握用户需求，将用户的具体信息抽象成标签，利用这些标签将用户形象具体化，从而为用户提供有针对性的服务。

任务一 认识用户画像

情景导入

小晴终于如愿通过公司面试，成为一名新入职小编。作为一名新人，主管给她的第一个任务就是为公司的主打产品——创意台灯编写文案。小晴写了好几篇文案，却发现阅读量和转发量都非常低。她非常困惑，为什么别人写的文案都能获得非常高的阅读量，而自己的文案阅读量却如此之低？她向师父请教，才知道问题出在她没有了解公司产品的用户画像。师父教导她，只有了解自己的读者，才能知道在哪里可以找到他们、他们有什么喜好、什么样的活动可以打动他们、什么样的文案可以说到他们心坎里去。当别人喜欢你写的内容时，就会转发给朋友或在朋友圈分享，才能有相应的阅读量和转化率。于是，小晴决定深入学习用户画像的相关知识，在学习的基础上更好地开展工作。

任务目标

1. 了解用户画像的概念。
2. 理解用户画像的作用。

知识储备

一、用户画像的概念

用户画像又称用户角色，也称用户信息标签、客户标签，是指对用户的社会属性、生活习惯、个人爱好及消费行为等数据进行采集和分析，将用户多种类型的数据抽象成一个标签化的用户模型，以挖掘深层次的、能触及用户需求的信息。其核心工作就是给用户打“标签”，而标签即用户信息的高度精练的特征标识，是能代表真实用户群体的虚拟画像。

从电商的角度来看，根据客户在网站上的注册信息和客户的浏览、收藏、购买等行为，用标签描绘客户，所用标签的组合就是用户画像。

赏案例

下沉市场目标用户画像

Mob研究院曾做过一个下沉市场目标用户画像，即“幸福一姐，隐形‘富豪’”，充分描述了此类目标人群的特征：三、四线城市已婚女性，有房有车，实际可支配收入相对较高。所包含标签有：女性、已婚、有房无贷、工作轻松、专科学历、月收入5 000元以下等。

下沉市场目标用户画像

用户画像是我们服务体验和内容创建过程中非常重要的工具，它能为企业提供足够的信息基础，帮助企业快速找到精准用户群体，并深入了解用户需求，比如：A、B两家新闻类公众号，A的用户大多是20～40岁的年轻人，B的用户大多是40～60岁的中年男性，那么虽然同为新闻类公众号，但是两个公众号推送文案内容的主题、风格必然有所不同。

小知识

不同的部门对于用户画像的需求和理解是不同的，因此同样的用户在他们眼里的用户画像也不尽相同，如下表所示。

不同部门群体眼中的用户画像

需求部门	定义	目标	方法
领导高层	某个群体需求	需求	抽象
产品经理	群体标签	结构化	定性
产品开发	用户标签符号化向量化	机器理解	定量
市场推广	用户消费习惯	交易	调查
运营部门	用户行为喜好	拉新、留存	跟踪

通过用户画像，可以让产品经理、设计师进行换位思考，在视觉设计、交互设计等方面进行参考，更好地理解用户，并将用户角色落实在实际的产品中，如用户分类、推荐算法等。

赏案例

“95后” 微博用户画像

“95后”微博用户是一个具有巨大消费潜力的独特市场，尤其是在电子产品与学习培训方面，其消费意愿和金额都比非“95后”用户更高。他们更喜欢使用音乐、视频、图片等具象化媒介，在选择商品时更加注重商品的外观和时尚感。受年龄影响，“95后”微博用户更关注校园话题与跳舞、古风、动漫等娱乐类目，风格更加活泼。艾瑞分析认为，针对校园生活展开的文化营销，以及与娱乐元素相结合的营销活动，对于“95后”微博用户而言可能更加具有吸引力。因此，充分分析此年龄层用户画像，相关产业有望凭借其高黏性的特点迎来快速发展，并获得更大的市场主动性。

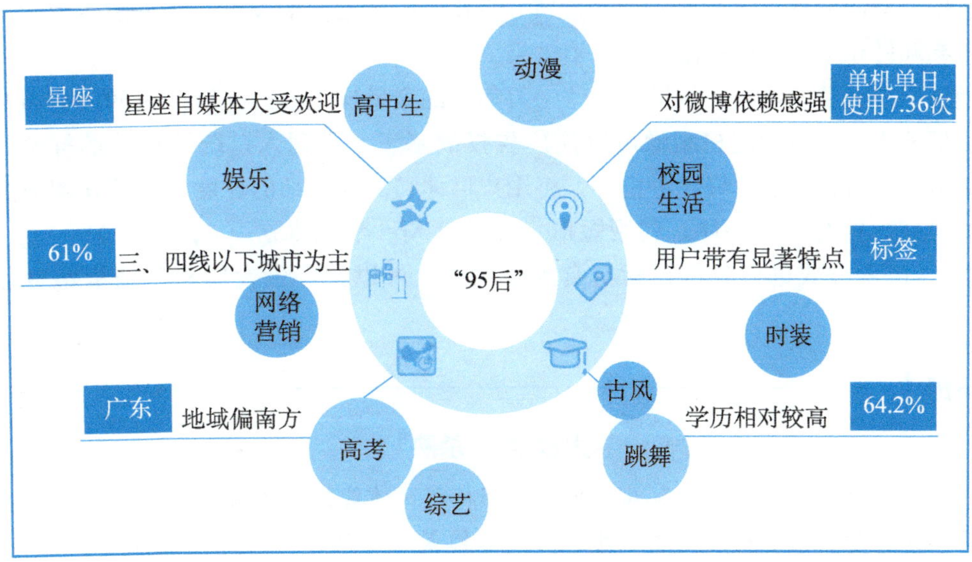

“95后”微博用户画像关键词

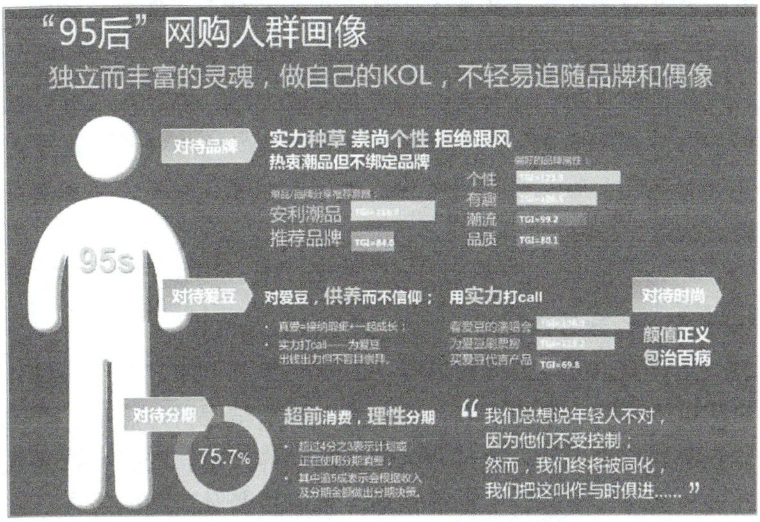

艾瑞咨询发布的“95后”网购人群画像

二、用户画像的作用

用户画像是企业了解用户的有力途径。利用用户画像，企业可以挖掘用户兴趣、偏好、人口统计学特征，提升营销精准度、推荐匹配度，实现完善产品服务、提高企业利润的终极目标。用户画像一旦形成，在数据分析统计、计算机处理、产品分析以及文案广告投放、文案消息推送等方面都有积极作用，也能够提升企业各运营部门的工作效率。具体来说，用户画像的作用主要有以下四个方面。

1. 实现精准营销，提高转化效率

大数据时代消费者的注意力和关注点各不相同，以用户画像指导文案的编写和投放，为核心用户群撰写具有针对性的营销策划方案及广告文案，不仅可以降低成本，也可以提高点击率和转化率，从而提高整体营销效果。

随着用户数量的增加，如果采用"一刀切"的全量推送形式，所推送的内容就只能打动一小部分人。而通过用户画像可以使广告投放基于一系列人口统计相关的标签，如性别、年龄、学历、兴趣偏好、手机等，将用户群体切割成更细的粒度，实现从粗放式到精细化的转变。针对特定群体，利用短信、邮件、App 消息推送（AppPush）、App 弹窗、微信群、H5 等方式进行分群运营与自动化运营，可以让广告投放和营销策略更加精准有效。

赏案例

大数据"杀熟"

对企业来说，要建立真正有效的用户画像标签，才能提升运营效果。

某知识付费团队要销售课程，建立用户画像最核心的诉求就是：提高课程销售数量。如果能通过用户画像了解用户购买课程的意愿，然后采取相应的运营策略，效率便会大幅度提高。而这个购买课程意愿度，就是企业最需要放在用户画像里的标签。

企业建立用户画像之后，计算出甲购买课程的意愿是 40%，乙购买课程的意愿是 90%。为了进一步提高销售量，企业会向购买意愿在 40% 的用户（甲）发放优惠券。如果没有建立这样一个用户画像标签，企业就会向甲和乙发放同样的优惠券。而乙原本是不需要用优惠券进行激励的，如果无差别发放，便会增加很多成本。这也就是电商利用用户画像标签实现的大数据"杀熟"。

2. 完善产品运营，提升服务质量

用户画像是产品开发、设计及运营过程中的重要参考。通过对产品进行受众分析，更透彻地理解用户使用产品的心理动机和行为习惯，开发贴近用户需求、尊重用户体验的产品与服务，才能获得用户的认可。通过分析网络用户的浏览、收藏、购买等行为，可以洞察真实用户的痛点与需求，使企业更加清晰地了解消费者对产品的需求，进而挖掘产品亮点、调整产品深度、提升用户体验。

赏案例

体贴的小功能：小米电视 2 的寻找遥控器功能

小米官方商城的电商客服小 A 在公司年会上无意提到，近年来商城客户在选购电视机时总是会问到“电视机上除了开关按钮是否有相关功能的按键”，究其原因是客户经常会出现找不到遥控器的情况，需要在电视机上进行功能控制。

小 A 的这句话引起了小米公司的重视，公司通过调取客服部相关数据并对消费者进行系列调查发现，客户经常遭遇“找遥控器”的难题，97.8%的客户表示希望遥控器能像手机一样会“响一下”。

于是，2014 年小米联合当贝科技推出了具有寻找遥控器功能的小米电视 2。小米电视 2 遥控器采用蓝牙 BLE 无线传输协议，无须对准，客户可以在客厅任何位置操控电视，并且具有蜂鸣找回功能。客户只需要轻拍电视底部的手势触控板，便能轻松找回“藏起来”的遥控器。该功能一经推出，便得到了客户的支持和喜爱。小米公司通过了解客户需求，增加小功能，拓宽自身产品深度，销量也得到了大幅度提升。

小米电视 2 的寻找遥控器功能

3. 挖掘潜在需求，增强关联营销

企业通过用户画像可以掌握用户的喜好与需求，利用关联规则、个性推荐，构建智能推荐系统，有针对性地为目标群体推荐相关商品，从而挖掘客户潜在需求，提升关联销售。

电商网站的“猜你喜欢”功能，就是在大数据分析的基础上，根据消费者的需求、动机、购买行为的多元性和差异性，实施个性化智能导购。例如，当用户搜索“少女梦幻”类型的创意小台灯时，商品推荐栏“心有灵犀”般同时为用户呈现相关“少女梦幻”类商品（如图 3－1 所示），给用户贴心关怀。网站通过此功能，增加相关类别产品的曝光率，既可方便用户挑选，也能增加相关产品的销售转化率。

4. 深入研究用户，掌握行业动态

根据用户的属性、行为特征对用户进行分类后，统计不同特征下的用户数量、分布，可以分析不同用户画像群体的分布特征，有利于企业对用户信息进行统计。同时，企业也可以通过了解人群消费习惯、消费偏好、不同地域品类消费差异等信息，掌握行业动态，为全面了解市场环境打下基础。

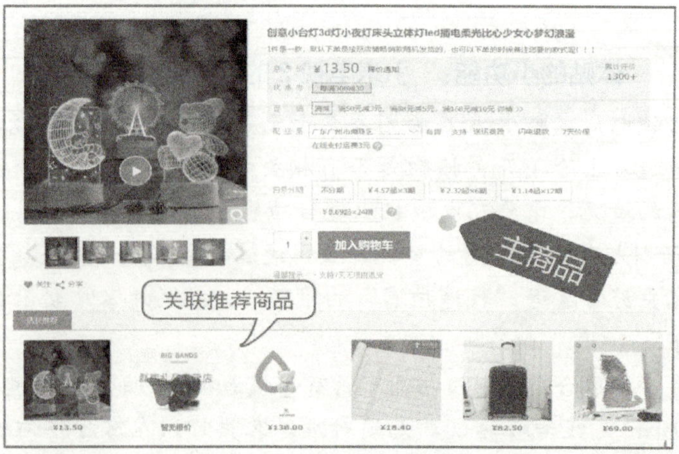

图 3-1　商品关联推荐

任务实施

一、了解用户画像

(1) 登录支付宝，查一查你自己的个人年度账单，看看支付宝如何描述你的个人标签。

____

____

(2) 支付宝在你的个人年度账单中对你的个人标签描述是否合理？依据是什么？

____

____

(3) 日常登录淘宝网时，淘宝网给你推荐的相关产品有哪些？与其他同学是否有不同？

____

____

二、分析不同行业网站用户画像的异同

(1) 了解个人用户画像平台。

目前有哪些平台可以供个人查找自己的用户画像？请将它们列出来，完成表 3-1。

表 3-1　用户画像平台

平台名称	平台网址	查看画像方式（途径）

(2) 登录以上不同电商平台，对比不同平台给你的用户画像是否一致，完成表 3-2。

表 3-2　不同平台用户画像对比

平台名称	用户画像

（3）分析以上不同平台提供的个人用户画像，每个画像涉及的相同标签有哪些？不同的标签又有哪些？

1）相同标签：

____

____

2）不同标签：

____

____

任务二　构建用户画像

情景导入

小晴通过深入学习用户画像的概念和作用，了解了用户画像的重要性。她准备按照学习心得和公司用户数据资料，初步构建创意台灯的用户画像。得到领导许可后，她立刻开工，但她发现，构建用户画像并不是那么简单的事情，还需要进一步学习构建用户画像的步骤和注意事项。

任务目标

1. 了解构建用户画像的一般步骤。
2. 能进行简单的数据分析建模。

知识储备

构建用户画像的核心工作就是给用户贴标签，而标签是通过对用户信息分析而来的高度精练的特征标识。用户画像不是套用模版，需要真正了解用户动机，深入观察用户的行为，进行深度的数据挖掘以及日积月累的实践。一般构建用户画像有以下三个步骤：基础数据采集、数据分析建模和用户画像呈现，如图 3－2 所示。

图 3－2 构建用户画像三步骤

一、基础数据采集

数据是构建用户画像的核心依据，只有建立在客观数据基础上的用户画像才能正确反映用户信息，所呈现的用户画像才准确。一般采集用户数据有以下三个步骤。

1. 寻找目标用户群

寻找目标用户群体是构建用户画像工作的前端，只有明确了目标用户，才能构建准确的用户画像，为相关部门提供准确的用户分析。确定目标用户，首先需要根据一定的标准对用户进行分类，比如根据职业将目标人群划分为家庭主妇、公司职员、公务员、学生、退休人员、自由职业者、私营企业主等，然后选取其中一个或多个群体作为目标用户群。

小知识

纵览成功的产品案例，当企业的目标用户范围清晰、特征明显时，产品往往专注、极致，能解决核心问题。比如豆瓣，专注“文艺事业”十多年，专注为“文艺青年”服务，用户黏性非常高，“文艺青年”在这里能找到知音、找到归宿。所以，给特定群体提供专注的服务，远比给广泛人群提供低标准的服务更容易成功。

2. 确定数据采集范围

确定目标用户后，即可开始采集目标用户的信息。目标用户可采集的数据包括直接获得的用户属性信息，如姓名、年龄、性别、家庭状况、地址、学历、购物喜好、家庭成员、工作习惯、常去场所等，也包括间接获得的行业数据、用户总体数据、用户属性数据、用户行为数据、用户成长数据等。

企业需要根据自身产品或服务的特点选择符合自身需要的用户数据，而不是采集所有用户的全部属性数据。比如对于外卖 App 而言，收集用户的头发数据（长短、浓密度等）毫无意义，但是对于防治脱发产品的企业而言，用户头发数据则是非常重要的数据。因此，在采集用户数据时，要根据企业产品特征和客户定位，确定需要采集的数据范围。

3. 收集用户数据，确定相关属性

确定数据采集范围后，即可有针对性地收集目标客户的相关数据。一般而言，用户数据包括静态数据和动态数据两大类。

（1）静态数据。

静态数据是指在一定的时间范围内几乎不会变化的数据，比如性别、收入、学历等涉及人口或者其他属性的数据，属于自成标签。用户静态数据一般通过用户的注册信息数据就可直接获得，包括人口属性、商业属性、消费意向、生活形态、客户关系管理（CRM），如图 3－3 所示。

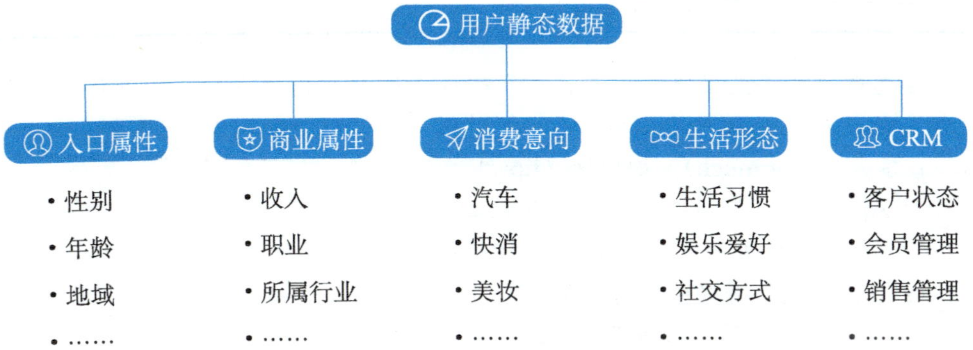

图 3－3　用户静态数据

（2）动态数据。

动态数据是基于用户真实的产品使用行为的数据，包括产品使用频率、点击模块热度、浏览网站时间、点赞数量等。用户动态数据一般包括场景、媒体、路径三大维度，如图 3－4 所示。

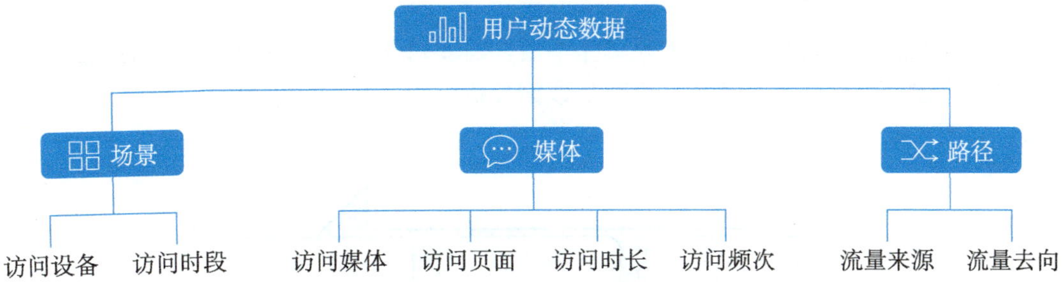

图 3－4　用户动态数据

不同行业所收集的数据侧重点会有所不同，以内容为主的媒体、阅读类网站、搜索引擎或通用导航类网站的用户画像，往往会提取用户对浏览内容的兴趣特征，比如体育类、娱乐类、美食类、理财类、旅游类、房产类、汽车类等；而电商购物网站的用户画像，一般会提取用户的网购兴趣和消费能力等指标。

小知识

在基础资料和数据收集环节可通过一手资料和二手资料获取相应的基础数据，如下表所示。

资料性质及类型

资料性质	资料类型
一手资料	问卷调研情况 用户访谈情况 产品前台反馈的数据和用户行为 产品后台数据
二手资料	研究报告 文献资料

用户动态数据需要通过收集用户行为数据并进行分析而得到，一般常用 5W2H 收集法，即何人做（who）、做什么（what）、何时做（when）、何地做（where）、为什么做（why）、做多少（how much）、如何做（how）。

以外卖 App 为例，其利用 5W2H 收集法如下：

Who：通过平台订外卖的有哪些人群（20～35 岁年轻人）；

What：一般喜欢订哪些品类的外卖；

When：什么时候是下单高峰期（11:00 左右、16:30 左右）；

Where：在哪里下单（公司、家里）；

Why：为什么订外卖（工作忙、懒得去外面吃、懒得自己做）；

How much：客户下单的频率（一周 3 次）；

How：用户如何使用外卖 App。

二、数据分析建模

用户画像所需资料和基础数据收集完毕后，需要对这些资料进行分析和加工，提炼关键要素，构建可视化模型，这个过程就是数据分析建模。数据分析建模一般包括以下三个步骤，如图 3-5 所示。

图 3-5 数据分析建模的步骤

1. 用户属性分析

用户属性分析就是根据用户自身属性对用户进行分类与统计分析。结合企业自身的产品和用户特征可以从不同的维度进行分析。如根据客户性别进行男女类别的分析；根据客户年龄进行不同年龄段人群的属性分析；还可以根据客户购买频次将客户分为关键客户、主要客户、普通客户等进行分析。一般我们通过以下五类属性来提取用户属性，进行用户分析：

（1）基础属性。

用户的基础属性也叫静态属性，是用户的基本信息。基础属性分析主要根据用户的基本信息进行用户的划分，如性别、年龄、学历、角色、收入、地域、婚姻等。针对不同的产品，可进行不同属性的划分，例如专门针对“80 后”的营销文案、对金牛座的优惠、对有宝宝的宝妈人群的文案等。

赏案例

用户基础属性是结构化的标签体系，我们可以根据它来确定相应的场景，例如亚马逊根据用户基础属性确定自身商品标签体系。

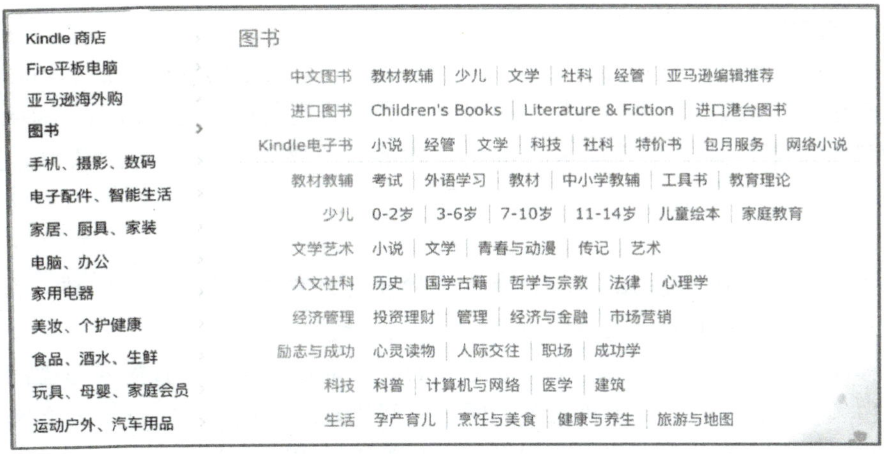

亚马逊根据用户基础属性确定自身商品标签体系

（2）消费属性。

用户的社会属性指目标用户在消费方面的相关数据，包括消费意向、消费心理、消费习惯、消费偏好等属性。

电子商务用户行为数据可以从用户注册、浏览、点击、购买、签收、评价及退货等用户网络行为中获取。根据用户行为可以得出的标签如：“潮妈”族、纠结商品、最大消费、退货数量、“败家”指数、品牌偏好、用户活跃度等。

写文案之前了解用户的社会属性能更好地了解用户所在环境、社会、情感等因素，从而能让文案更好地走进用户心里，引起情感共鸣。

（3）人生状态属性。

人生状态属性指目标用户当前的生活状态，包括婚姻状态、家庭状态、经济状态、可支配收入、价格敏感度等。根据用户的人生状态，使用充满生活气息的符号文字，可以让用户产生同理心，这样的文案才能带来流量，进而带来外链的点击量。

赏文案

某白酒品牌 “走心瓶”

某白酒品牌善用“表达”的方式做产品营销，用瓶子讲故事、说情绪，展现品牌有温度、有情怀的一面，让许多平常鲜少喝酒的年轻人，通过文案了解了该品牌。比如以下针对消费者人生状态发布的“走心瓶”文案：

“明天有明天的烦恼，今天有今天的刚好”

"年轻时，要多出去走走；年长后，要多回头看看"

"挑选口红色号表达心情，只因你敢于掌控自己的美"

"生活需要为自己奋斗，也是为梦想打工"

"走心瓶"以明天与今天、年轻、自由、想念、陌生人等为主题进行描述，刺激了消费者对于当下人生状态情绪的释放，在某时某刻恰好戳中了消费者的心，让人们自然地将内心故事与喝酒联系在一起，从而触发了内心最深层次的情感传播。

（4）文化属性。

文化属性指一个人、一个社会团体、一个民族、一个国家的生产生活的习惯定性，也是基本的文化素质表现。用户的喜好、思维方式等都受到文化属性的影响，因此在分析用户属性时只有对用户的文化属性进行剖析，才能让文案得到阅读者的认可，进而产生作用。

（5）设备属性。

设备属性指目标用户使用的终端设备及其特征等。如移动端还是 PC 端、Android 系统还是 IOS 系统，使用流量还是 Wi-Fi 等。

用户移动设备的特点及用户在不同场景下的状态也是文案工作者需要考虑的因素。例如早高峰白领乘地铁上班，用手机流量上网，时间比较碎片化，这时推送的文案应该短而精；而周末或晚上在家，用户更喜欢用平板电脑等通过 Wi-Fi 上网，这时推送使人放松的娱乐搞笑视频或者长文案会更加合适。只有在合适的场景推送合适的文案，才能引起用户的关注与认可。

赏案例

某公司即将开发一款新产品，以大四学生为目标用户。通过资料收集与整理，公司得到了用户基本属性描述，如下图所示。

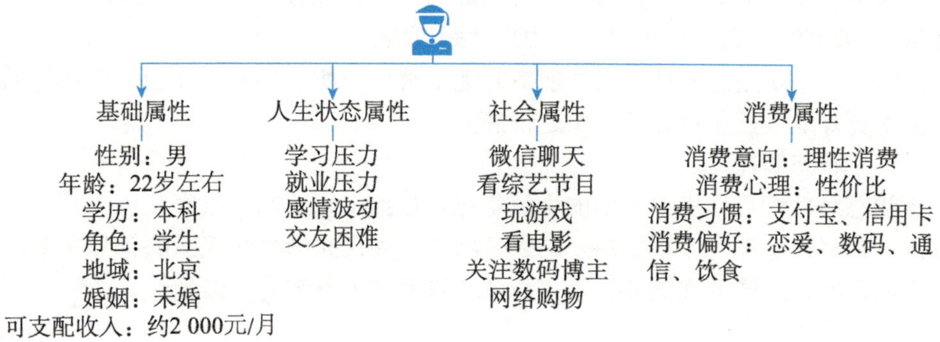

用户基本属性描述

现根据该用户属性对用户画像及产品设计分析如下：

首先，从基础属性来看，这类用户为男性，产品设计风格不能太女性化，可以酷一点、炫一点，采用黑色调，有科技感；他们的可支配收入水平在 2 000 元/月，如果产品是一月购买一次，一般消费这类产品占其收入的 1/10 的话，产品单价以 200 元/月为参考。

其次，从人生状态属性来看，目标客户现在面临着学习、就业的压力，以及感情波动、交友困难等，如果公司文案为内容型，可针对这四类心理压力进行内容创作。

再次，从社会属性分析，这类用户主要有聊天、玩游戏、看电影、购物、看视频等行为，如果公司做推广活动或者线下活动，奖品设置可以是送电影票、送视频网站会员、送游戏皮肤或数码装备之类，以达到吸引用户参加活动的目的。

最后，从消费属性来看，目标用户偏向理性消费，追求产品的性价比，主要把钱花在恋爱、数码、通信、外出聚餐等方面，所以公司产品可强调实用性、高性价比，在节日礼品、数码、餐饮等领域进入市场。

用户画像数据来源广泛，这些数据是全方位了解用户的基础，其中用户基础属性，即用户真实人口属性的标签更是各家企业不能缺失的板块。此外，充分分析用户的兴趣也是直击用户需求的途径。

小知识

用户兴趣分析

用户兴趣，即用户的一些习惯、喜好、偏好，对用户兴趣进行分析是用户画像分析非常重要的维度。从用户的浏览内容、收藏内容、阅读咨询、评论、转发等方面发掘用户的兴趣偏好，并进行准确的信息推送和个性化服务，能获得事半功倍的效果。

充分了解用户的兴趣，能够引起用户的注意，调动他们的购买欲望，把他们由被动的宣传对象变成主动的阅读者、转发者和购买者。如用户群为美食爱好者，那么关于美食的话题一定能引起他们的注意；产品是阅读类 App，而目标用户为一线城市上班族，他们喜欢在晚上阅读文章，那么设计上可以增加夜光模式。通过了解用户的兴趣，让用户看到他想要的内容（广告），可以凸显文案的价值，获得较好的传播效果。

对用户兴趣进行分析时，可从用户访问习惯、用户偏好数据、用户兴趣数据三个方面获取相关数据，具体如下表所示。

通过用户行为数据提取用户兴趣标签

用户兴趣标签	获取数据途径
用户访问习惯	访问记录、访问时间、浏览路径等用户在网站的行为日志数据
用户偏好数据	浏览/收藏内容、评论、互动、生活方式偏好、单品偏好等交易数据
用户兴趣数据	浏览路径、页面停留时间、访问深度、回头率、唯一页面浏览次数等

2. 建立标签体系

用户标签是描述人的基本属性、行为倾向、兴趣偏好等维度的数据标识，它是一种相关性很强的关键字，可以简洁地对人群进行描述和分类。不同的标签是对用户不同侧面的量化描述，而一系列的标签集合则构成了标签体系。一般来说，按照处理过程、获取方式可以把标签分成三种类型：事实标签、模型标签和预测标签，如图 3－6 所示。

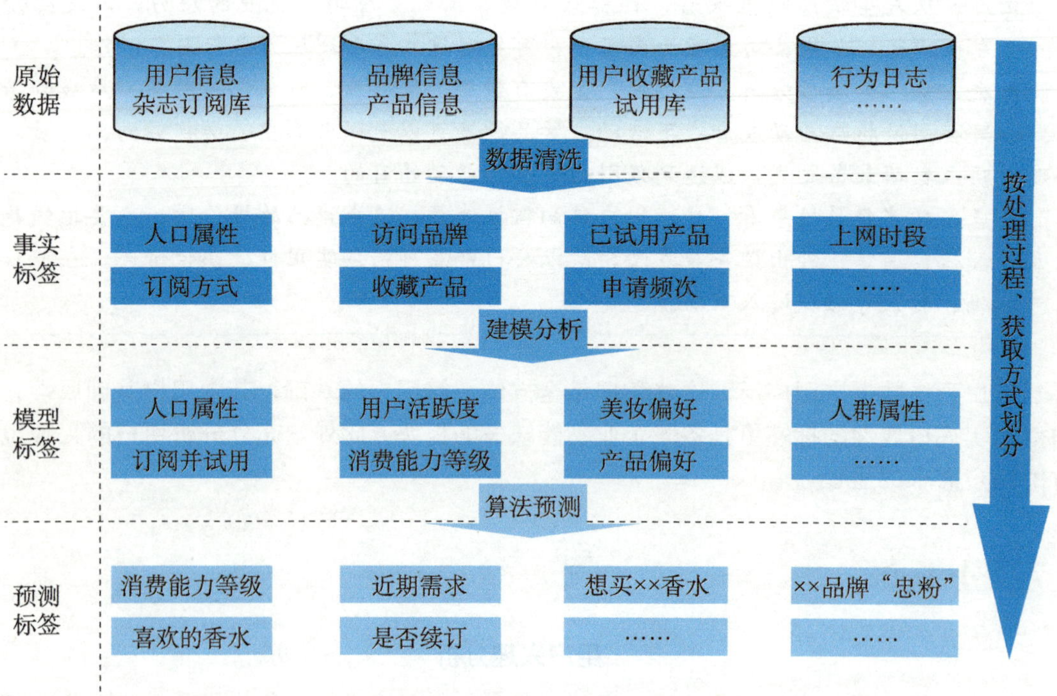

图 3-6　标签体系

（1）事实标签：从原始数据中直接提取、进行统计分析而来，比如用户投诉次数。

（2）模型标签：以事实标签为基础，通过构建事实标签与业务问题之间的模型，进行模型分析得到，即通过总结规律得出的标签。如结合用户实际投诉次数、用户购买品类、用户支付的金额等事实标签，进行用户投诉倾向类型的识别，建立产品投诉类、服务投诉类标签。

（3）预测标签：在模型的基础上进行预测，比如针对投诉倾向类型结构的变化，预测平台舆情风险指数、产品生命周期、客户流失等的标签。

例如：王某，女，40 岁，广东人，在广州工作，IT 行业，产品经理，年收入 45 万元，已婚，有两套房，有孩子，喜欢社交、旅游、购物、喝红酒，消费能力强等。

王某的基础信息可以通过注册信息获得，但有孩子、喜欢社交、爱喝酒、消费能力强等，用户不会告诉我们，需要建立数据模型才能计算出来。当然，用户标签体系需要根据不同的业务领域进行设计，比如电商行业和保险行业的用户标签体系就会有所不同。

小知识

标签梳理

梳理标签分类时，可按照 MECE（相互独立，完全穷尽）原则，让每一个子集的组合都能覆盖到父集所有数据。下表所示是按照对象的属性进行的标签分类。

标签分类示例

一级标签	二级标签	三级标签	四级标签
人口属性	基本信息	性别	男
			女
			未知
		年龄	××岁
		生日	××××年××月××日
		星座	××
行为属性	上网习惯	终端类型	Android
			IOS
		活跃情况	核心用户
			活跃用户
			老用户
			流失用户
			新用户
用户分类	人群属性	年龄阶段	“80 后”
			“90 后”
		地区分布	××
商业属性	电商业务	购买频率	高频用户
			中频用户
			低频用户
			新用户
		优惠券	敏感度高用户
			敏感度中用户
			敏感度低用户
		积分值	等级高用户
			等级中用户
			等级低用户
	消费习惯	品牌偏好	高端
			中端
			低端
		支付偏好	微信
			支付宝
			钱包

3. 标签建模

标签建模是用户画像的重要环节，广泛应用于精准营销、个性化推荐、用户画像、信用评分等需要基于明细数据进行计算的大数据运营当中。标签建模是在已有的物理数据或模型之上直接建立逻辑模型，通过各个数据服务的代理解析，让用户可以在视图上直接进行各类计算，不需要预先对物理数据进行大规模的加工处理，即用即算。

标签建模是围绕实体（object）、关系（link）、标签（tag）三大元素对分布在不同数据库中的数据进行网络化处理的建模方式，如图 3－7 所示。

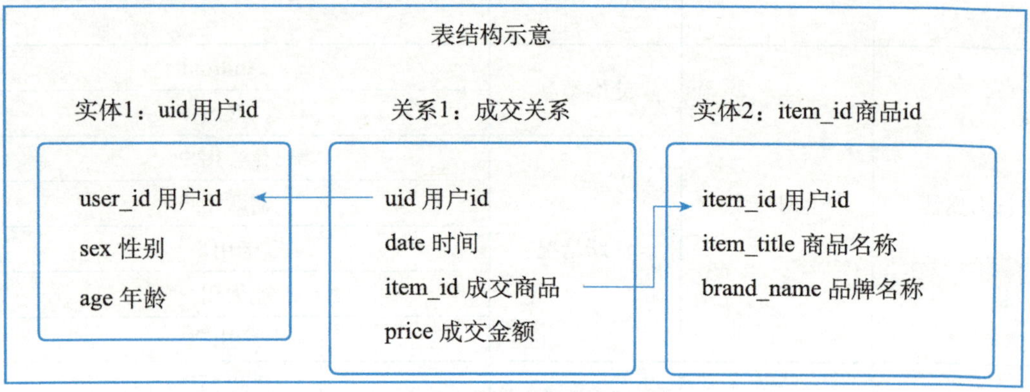

图 3－7　建模示意图

在经过建模转化之后，可以将图 3－7 中的模型逻辑关系转化为如图 3－8 所示的模型结构。成交表对应到关系节点上，金额和时间是关系的标签，用户表和商品表对应到买家和商品两个实体上，性别、年龄是买家的标签。这种建模方式非常适用于各类基于明细行为、关系数据进行分析的场景。

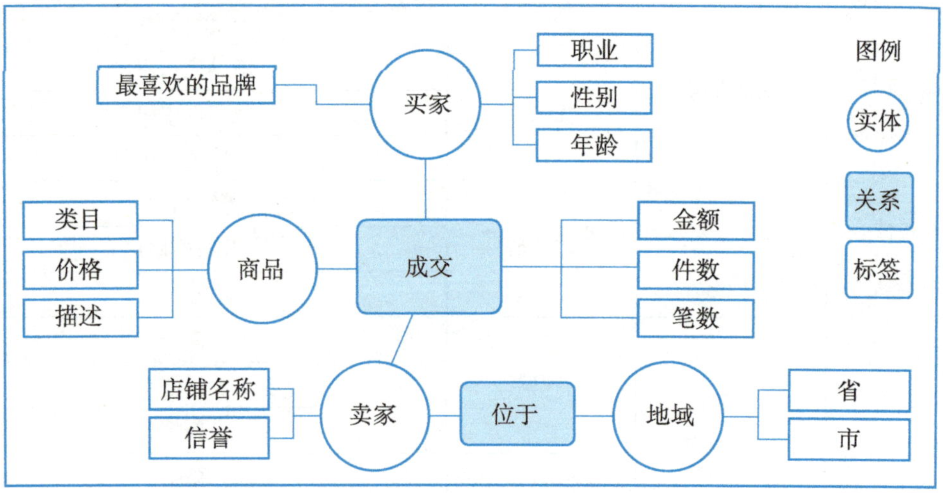

图 3－8　模型结构示意图

以 DTBoost 为例，其中实体关系管理是标签中心当中对逻辑模型进行配置的主要功能，能够读取不同来源的数据库的元信息，整合为实体或者关系，关系的建立可以将多个实体关联起来。其余的描述字段则根据相应的情况定义为标签。标签管理模块则能够对所有的标签进行查看、检索、修改。如图 3－9 及图 3－10 所示。

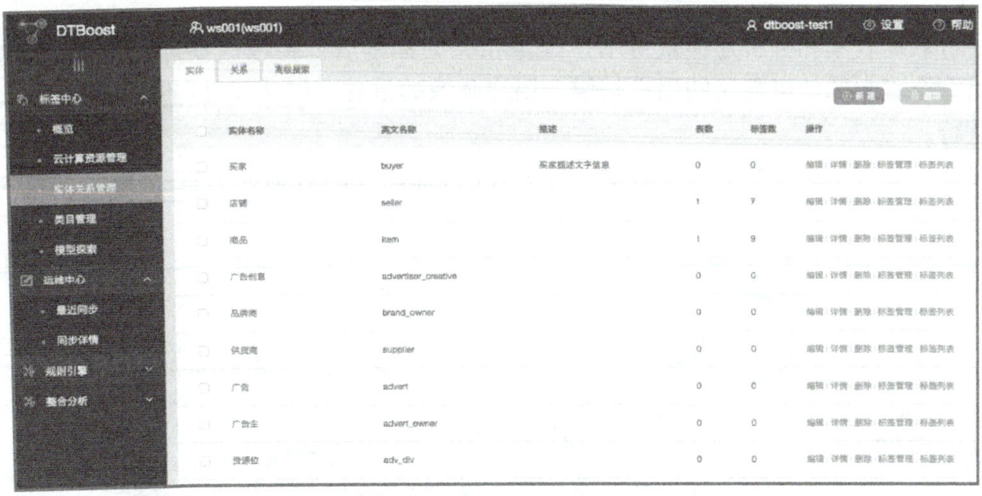

图 3－9　实体关系管理模块

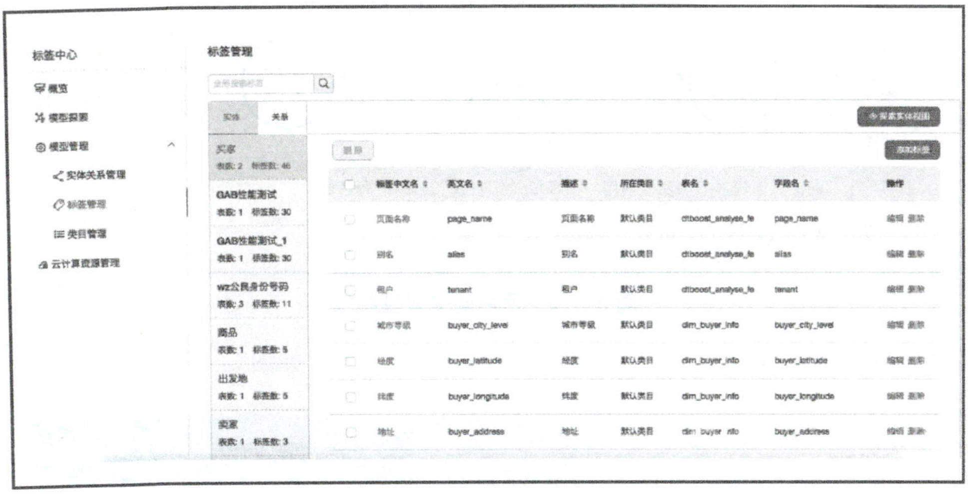

图 3－10　标签管理模块

小知识

数据建模

标签数据建模主要根据用户行为构建模型，分析出标签及标签权重。标签，强调内容，即用户对该内容有兴趣、偏好、需求等。权重，强调指数，即用户的兴趣、偏好指数，也可体现用户的需求度，可以简单地理解为可信度、概率。

一个事件模型包括时间、地点、人物三个要素。每一次用户行为本质上都是一次随机事件，可以详细描述为：什么用户，在什么时间、什么地点，做了什么事。

三、用户画像呈现

通过数据收集和分析建模获得用户画像相关的标签后，整理标签即可勾勒用户画像，呈现出一个直观的、可视化的用户画像。用户画像的呈现可以从显性特征及隐性特征两个方面进行。

显性特征包括：年龄、性别、性格、生活状态、上网习惯、关注点等。如图 3 - 11 所示。

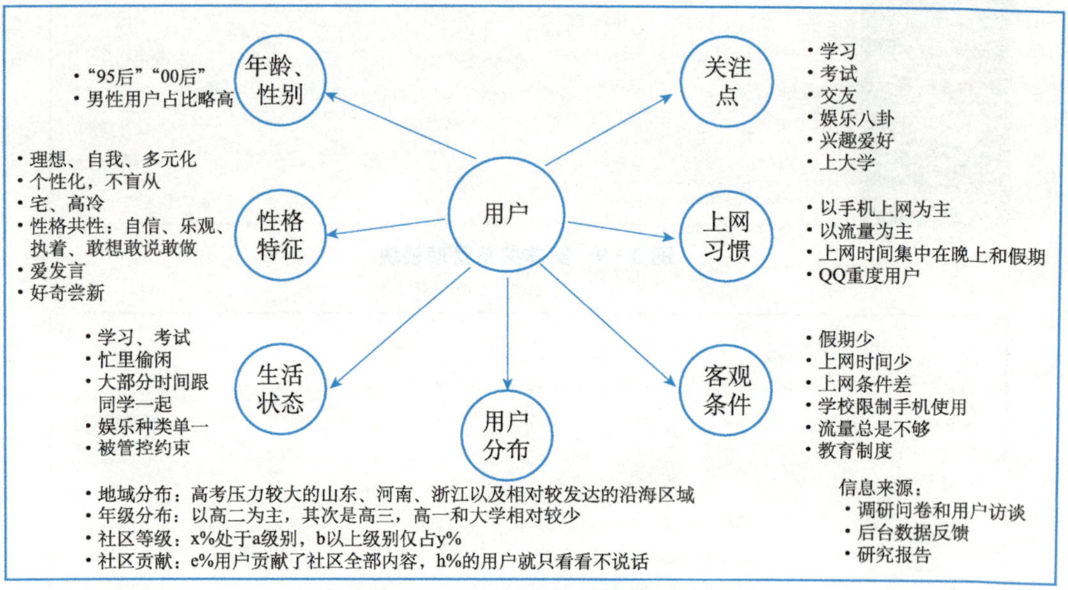

图 3 - 11 用户画像显性特征

隐性特征包括：成长路径、主要目的、偏好、需求等。如图 3 - 12 所示。

成长路径	高一	高二	高三	大学
主要目的	交友、学习、改善心情、帮助别人（价值实现）			
偏好	生活、趣事	学习、兴趣	志愿、学习、心理	生活、社会实践、考研、求职
需求	适应和融入校园	学习解惑、兴趣交友	志愿填报指导、快速提升复习效果、心理问题排解	适应融入校园、综合素质提升、生涯指导
活跃关键	内容质量、圈子效应、认同感、责任感（版主）			

图 3 - 12 用户画像隐性特征

用户画像的描述方法常见的有三种：关键词法、列表法及卡片法。

1. 关键词法

关键词法是指将用户角色身上的特质标签化，用关键词描述记录用户的关键信息，如喜好、态度、行为等。其优点是直观、简单、便于统计；缺点是缺乏逻辑关联性，容易出现缺漏和重复的情况，不能客观建立起人物与行为之间的关系。如图 3－13 所示。

图 3－13　以关键词法呈现用户画像

2. 列表法

列表法是最常用的一种用户画像描述方法，通常罗列的信息包括：典型用户、信息、背景、痛点、描述等。其缺点是人物角色之间不易横向比较，在给人物角色排序时相对困难，不太容易分清主要角色和次要角色。如图 3－14 所示。

图 3－14　以列表法呈现用户画像

3. 卡片法

卡片法能够兼顾横向和纵向的比较，有利于达成团队的统一认识。

用户画像呈现没有统一的形式，只要能直观展示用户相关的信息即可，如图 3-15、图 3-16 展示的就是不同的用户画像呈现方式。

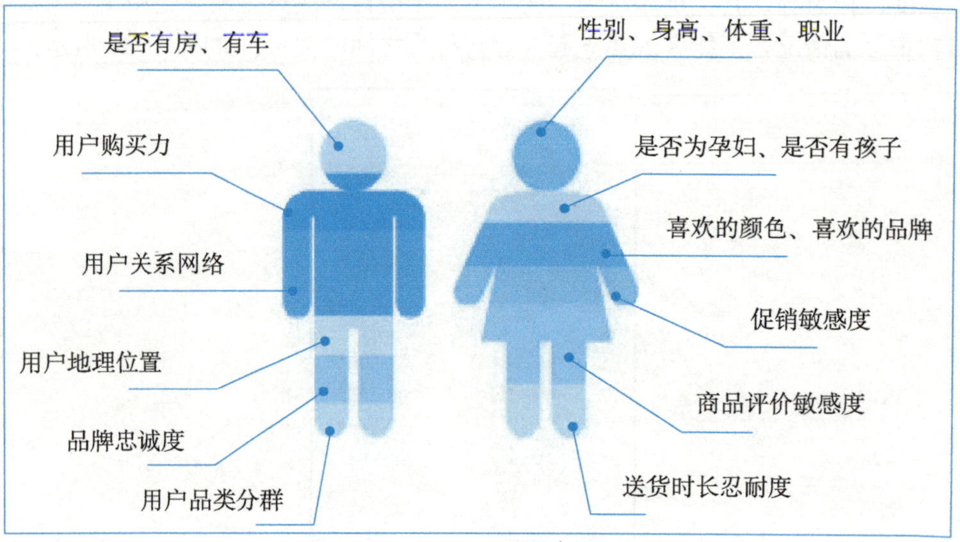

图 3-15 用户画像呈现样例（1）

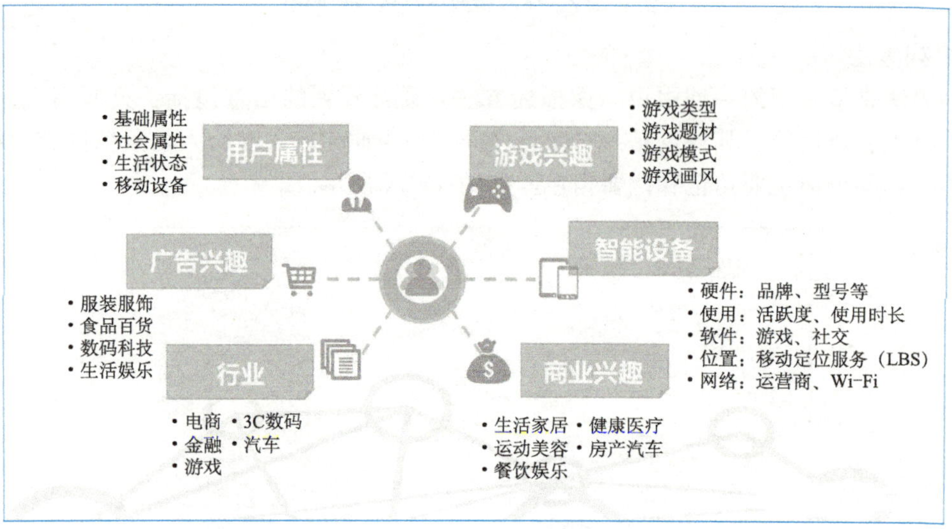

图 3-16 用户画像呈现样例（2）

【敲黑板】

用户画像的呈现并不是用户标签的简单罗列。

组成用户画像的标签要与业务或产品结合。

在完善用户画像时，需要结合真实的数据，选择典型特征加入用户画像中；加入必要的描述性元素和场景描述，让用户画像更加丰满和真实；将用户画像框架中的范围和抽象描述具体化，使用户画像更精确；最后可以用名字、标志性语言和关键特征描述让用户画像更容易记忆。

任务实施

一、获取用户属性数据

任务背景：小晴因为没有进行用户属性分析导致发布的文案推广效果平平，在学习了相关的知识后，她决定进行用户属性分析，为调整文案做好准备。

利用百度指数和淘宝指数，对“创意台灯”用户进行属性分析。操作步骤如下：

(1) 查看百度指数，输入要查询的关键词，查询关键词相关数据（如图 3－17 所示）。百度指数网址：http：//index. baidu. com/v2/index. html #/。或进入百度首页，单击“更多”—“百度指数”。

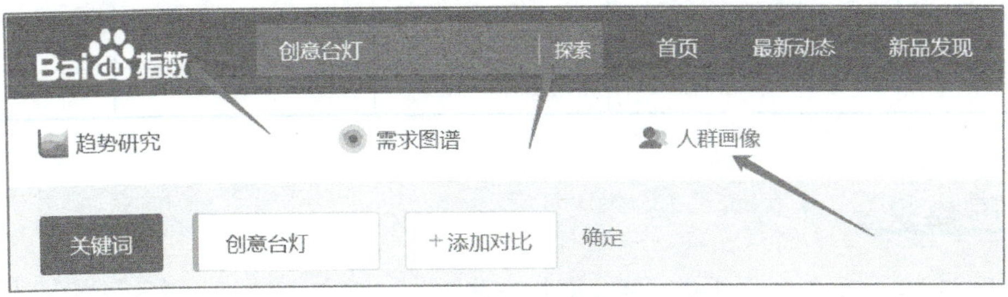

图 3－17　百度指数获取用户属性数据

(2) 查看淘宝指数（也叫阿里指数），获取相关数据（如图 3－18 所示）。淘宝指数网址：https：//shu. taobao. com/。

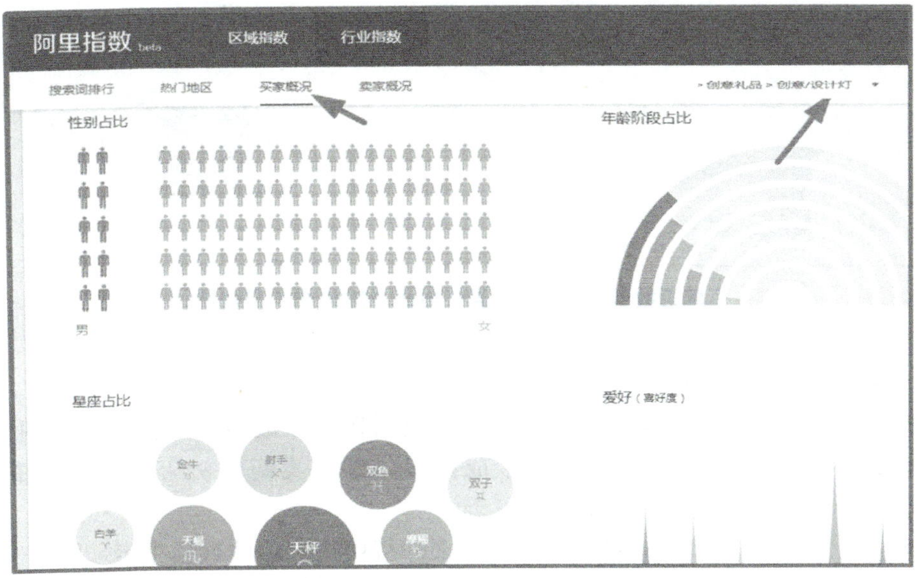

图 3－18　阿里指数获取用户属性数据

二、用户属性数据分析

对通过百度指数和淘宝指数获得的用户属性数据进行归类分析，提取相关数据标签值并填写在表 3－3 中。

表 3－3 用户属性数据分析

标签	标签值	标签值来源	提取标签值	备注
例：性别	男生 63.64％ 女生 36.36％	百度指数	男生	

小知识

在获取相关标签数据的时候，请注意统计数据的时间应该统一，只有相同时间下的标签数据才具有可比性和可参考性。

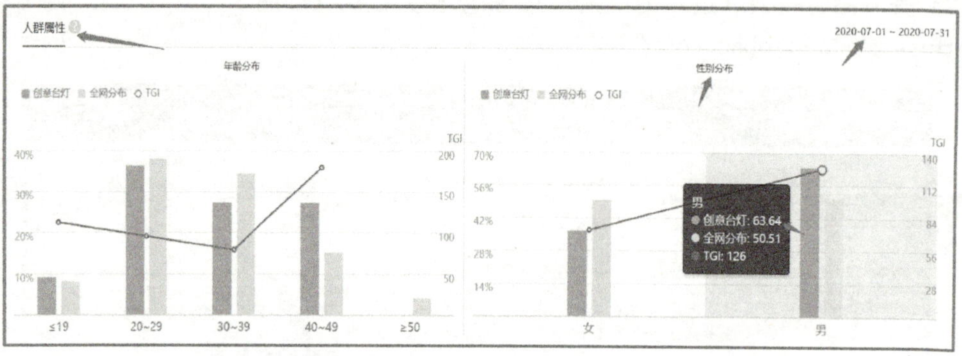

百度指数创意台灯人群属性数据（2020 年 7 月数据）

三、用户兴趣数据分析

任务背景：在“生意参谋”中，有一个模块叫作“取数”，通过“取数”我们可以点击选择所要分析的相关数据维度并生成报表，作为我们分析店铺运营的重要数据指标。

（1）进入“取数分析”，创建一个可以用来分析用户兴趣的数据报表，即勾选属于用户行为轨迹的标签，创建并生成报表，如图 3－19 所示。

图 3－19　创建用户兴趣分析报表

（2）根据上面获取的用户兴趣数据报表，对“创意台灯”用户进行简单的用户兴趣分析，如从用户访问高峰可以看出大部分用户的访问时间段，从而在该时间段上新能获得最大的流量等。

四、用户画像呈现

根据获取的标签值画出“创意台灯”的用户画像。

综合练习

一、判断题

1. 用户画像是想象出来的虚拟人物。（　　）

2. 从电商的角度来看，根据客户在网站上的注册信息和客户的浏览、收藏、购买等行为，用标签描绘客户，所用标签的组合就是用户画像。（　　）

3. 通过分析网络用户的浏览、收藏、购买等行为，可以洞察用户的痛点与需求，使企业更加清晰地了解用户对产品的需求，进而挖掘产品亮点、调整产品深度、提升用户体验。（　　）

4. 大数据时代消费者的注意力和关注点各不相同，以用户画像指导文案的编写和投放，为核心用户群撰写具有针对性的营销策划方案及广告文案，虽然会提高成本，但是可以提高点击率和转化率，从而提高整体营销效果。（　　）

5. 企业需要根据自身产品或服务的特点选择符合自身的用户数据，而不是采集所有

用户的全部属性数据。（　　）

6. 用户的喜好、思维方式等都受到文化属性的影响，因此在分析用户属性时只有对用户的文化属性进行剖析，才能让文案得到阅读者的认可，产生作用。（　　）

7. 早高峰白领乘地铁上班，用手机流量上网，时间碎片化，这时推送的文案应该以娱乐搞笑视频或者长文案为主。（　　）

8. 标签数据建模主要根据用户行为构建模型，分析出标签及标签权重。（　　）

9. 列表法是最常用的用户画像描述方法，其缺点是人物角色之间不易纵向比较。（　　）

二、单选题

1. 用户画像的呈现可以从以下哪两个方面进行？（　　）

A. 自身属性和关联属性　　B. 动态数据和静态数据

C. 动态属性和静态属性　　D. 显性特征和隐性特征

2. 随着用户量的增加，如果采用“一刀切”的全量推送形式，其效果是（　　）。

A. 能打动一大部分人　　B. 只能打动一小部分人

C. 完全没有效果　　D. 不确定

3. （　　）是构建用户画像的核心依据。

A. 产品功能　　B. 用户标签

C. 用户数据　　D. 用户喜好

4. 某知识付费企业要销售课程，企业建立用户画像之后，计算出来甲购买课程的意愿是 40%，乙购买课程的意愿是 90%，丙购买课程的意愿是 0。为了进一步提高销售量而又不增加多余的成本，以下措施最得当的是（　　）。

A. 企业向购买意愿为 40% 的用户（甲）发放优惠券

B. 企业向购买意愿为 90% 的用户（乙）发放优惠券

C. 企业向购买意愿为 0 的用户（丙）发放优惠券

D. 企业对全部用户发放同样的优惠券

5. 用户静态数据是指在一定的时间范围内几乎不会变化的数据，以下不属于静态数据的是（　　）。

A. 性别　　B. 收入　　C. 学历　　D. 点赞数

6. 用户动态数据一般包括三大维度，以下不属于这三大维度的是（　　）。

A. 场景　　B. 行为　　C. 媒体　　D. 路径

7. 在用户画像常见的描述方法中能够兼顾横向和纵向比较的是（　　）。

A. 关键词法　　B. 列表法　　C. 卡片法　　D. 标签法

三、多选题

1. 用户画像的主要作用有（　　）。

A. 实现精准营销　　B. 完善产品运营

C. 挖掘潜在需求　　D. 深入研究用户，掌握行业动态

2. 构建用户画像的步骤包括（　　）。

A. 用户数据采集　　B. 数据分析建模

C. 挖掘潜在需求　　D. 用户画像呈现

3. 根据用户职业可以将目标人群划分为以下哪些类型？（　　）

A. 家庭主妇　　B. 少年

C. 公务员　　D. 学生族

4. 一般而言，用户数据包括（　　）。

A. 静态数据　　B. 显性数据

C. 隐性数据　　D. 动态数据

5. 动态数据是基于用户真实的产品使用行为的数据，以下属于用户动态数据的是（　　）。

A. 产品使用频率　　B. 点击模块热度

C. 浏览网站时间　　D. 消费特征

6. 以下属于用户社会属性的是（　　）。

A. 圈子　　B. 兴趣喜好

C. 人生状态　　D. 交友需求

7. 对用户兴趣进行分析时，可从以下哪些方面获取相关数据？（　　）

A. 用户访问习惯　　B. 用户偏好数据

C. 用户使用设备　　D. 用户兴趣数据

8. 用户画像的呈现可以从显性特征及隐性特征两个方面进行，以下属于用户隐性特征的是（　　）。

A. 成长路径　　B. 上网习惯

C. 兴趣偏好　　D. 生活状态

9. 以下属于用户画像描述常见方法的是（　　）。

A. 标签法　　B. 关键词法

C. 列表法　　D. 卡片法

四、应用题

假设你所在的电商平台最近小家电类目的订单数量、产品浏览量、搜索数量等都有所下降，现在部门计划对小家电类目进行一次季末促销活动，部门提供了以下相关数据给你，希望你能针对小家电的用户特征给出一些建议。

部门提供的小家电消费者的典型用户案例如下：

男性，年龄在 30 岁左右，已婚且有孩子。在一线城市居住，本科学历，收入较高。比较追求生活品质，家庭观念较强。但是一线城市节奏快、生活压力大，缺少时间和精力来关注家庭生活。

部门提供的小家电消费用户相关数据如图 3-20 至图 3-24 所示。

从数据来看，下单小家电类目的消费者多为男性，但与女性用户数量差别不是特别大（10%）。用户多集中在25～35岁的年龄区间，25岁以下的年轻用户和45岁以上的中老年用户比较少。

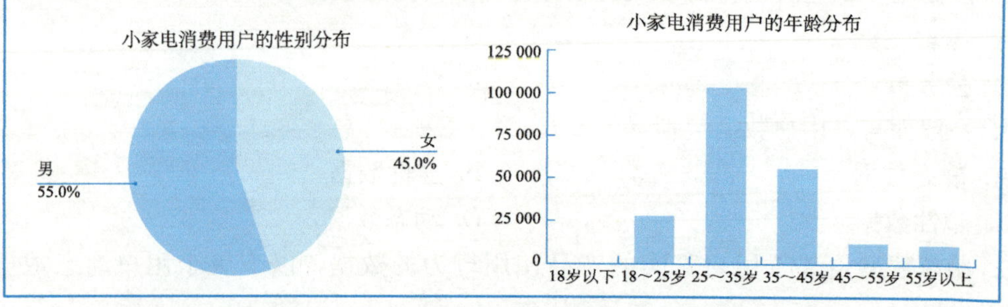

图 3-20　小家电消费用户性别、年龄分布

小家电类目的消费者来自广东的最多，其次是江苏和北京。在城市分布方面，北上广深四个超一线城市占据消费用户数量的前四名。

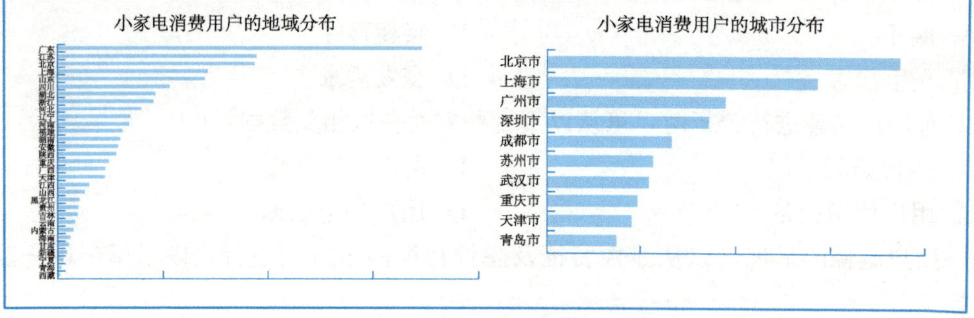

图 3-21　小家电消费用户地域、城市分布

近70%的小家电消费用户为已婚，超过60%的用户有孩子的可能性比较高。

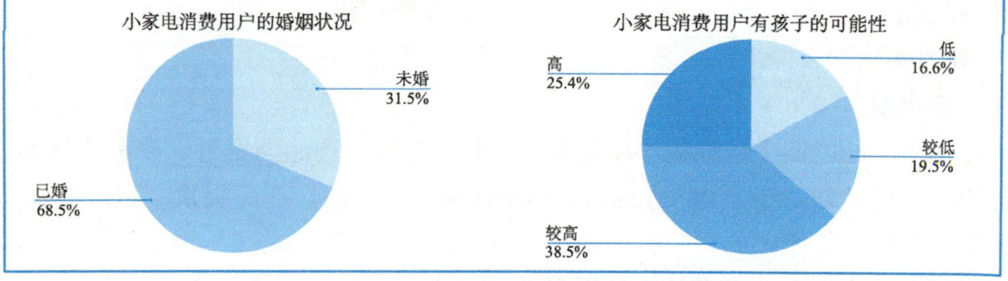

图 3-22　小家电消费用户婚姻、子女状况

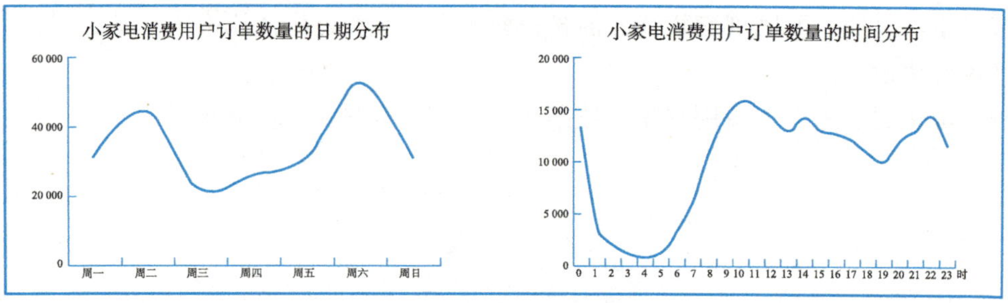

图 3-23　小家电消费用户订单数量日期、时间分布

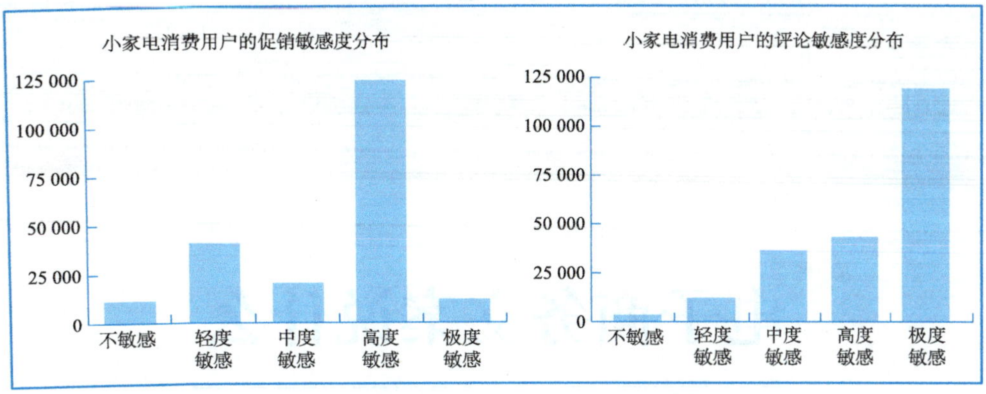

图 3－24　小家电消费用户促销、评论敏感度分布

1. 请你根据部门提供的数据，简单描述出小家电消费用户画像。
2. 根据以上用户画像分析，你会对促销文案提出哪些建议？

项目四

电子商务文案说什么

项目目标

知识目标

1. 了解详情页文案的组成部分。
2. 熟知促销文案的类型。
3. 掌握品牌文案的具体内容。

能力目标

1. 能进行详情页文案内容的策划。
2. 能完成指定促销活动的文案策划。
3. 能根据所学知识对品牌文案进行简要分析。

情感目标

1. 激发对电子商务文案的兴趣，提升对电子商务文案内容的认知。
2. 积极实践，不断提升文案策划能力。

项目导读

电子商务文案作为一种商业文体，主要是基于网络平台，以文字、图片、视频、超链接等为元素，以吸引消费者、达到一定的商业目的而存在的。电子商务文案种类繁多，不同的文案包含不同的内容，适用于不同的场景。本项目以按文案的目的划分的销售文案和品牌文案为主线，分别对销售文案和品牌文案的相关知识进行介绍，重点分析如何依靠卓越的文字表现力，描绘出美好的产品形象，促进产品的销售，并塑造品牌形象。

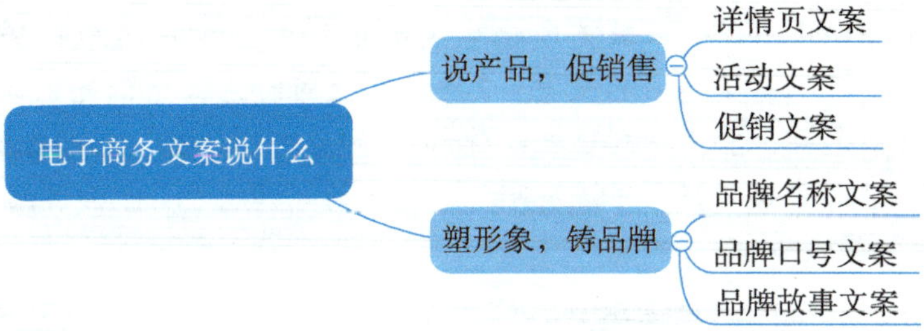

项目引例

蒙牛文案，有点“牛”

2020年高考前夕，蒙牛公司特推出了一款“高考押题奶”。

蒙牛先在官方微博发布了“营养你的要强”高考系列广告，海报以高考试卷密封线、坐标轴、立方体等元素作为素材，画面代入感很强，也很有记忆点。这种“故弄玄虚”式的预告海报吊足了公众的胃口。

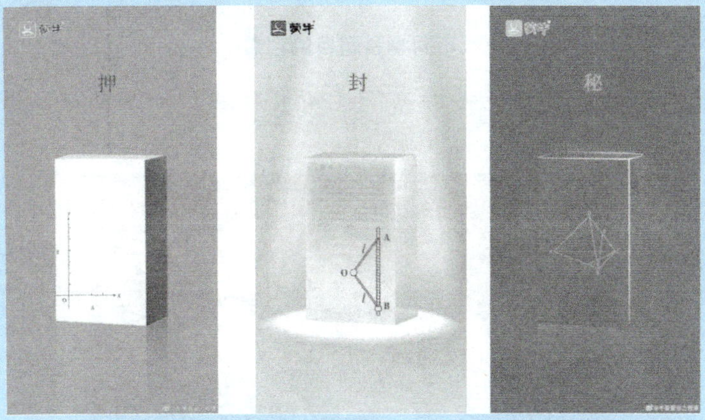

蒙牛“高考押题奶”预告海报

蒙牛推出的“高考押题奶”全新定制产品包装，在牛奶盒上印上了高考科目相关知识点，还有密封线、答题卡、录取通知书等能够唤起大家青春回忆的元素，既契合主题又新颖有趣，赚足好感度的同时也顺势收割了一波流量。

蒙牛“高考押题奶”系列包装

产品包装上除印有一道“语数英理化生政史地”中任意一门学科的题目之外，还针对不同学科的题目配上了不同的文案，“押题”的同时为考生们送上暖心的鼓励和祝福，如“不管结果怎样，能坚持到现在，你都很牛”“充满电，让未来发光”“书写自己历史的时候，记得卷面工整、字迹清晰”“自己的‘历史’，自己书写！”“努力做成功的一‘分子’”等。

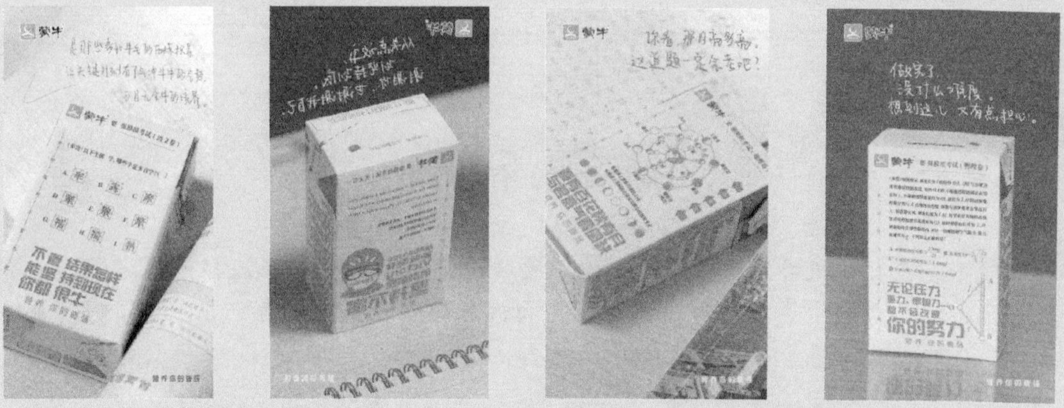

不同学科题目的包装

蒙牛除了推出创意包装，还搭着热门视频《后浪》的顺风车，借势推出了一版《后蹄》广告。

蒙牛《后蹄》视频广告截图

《后蹄》视频以旗下IP形象“牛蒙蒙”为主角，用诙谐的方式给众多高考学子们“压题（蹄）”。视频中，“牛蒙蒙”不仅为学生们传授了“三长一短选一短”“不会选时就选C”等“答题技巧”，还生动演绎了班主任趴后窗观察学生的场景，引起了公众强烈的共鸣。

蒙牛利用经典的段子埋梗，营造出了轻松有趣的氛围，弱化广告痕迹的同时，让公众牢牢记住了“牛蒙蒙”的IP形象和新品“押题奶”。更巧妙的是，视频中的文案将“蛋白质、维生素、矿物质”等学科知识点作为关键词，来强化自家乳制品的产品卖点，完美实现了“品效合一”的最终目标。

案例分析：

品效合一中的“品”是指品牌效应，“效”是指实际的销售转化。品效合一，要求在建设品牌的同时，也要达到销售的转化。

蒙牛借势高考，从高考考生和社会大众关注的话题“押题”切入，推出了“高考押题奶”，使产品变身媒介，同时又借之前火爆全网的《后浪》的热度和文案扩大传播声量。

品牌和产品是二元对立的，产品在工厂中生产，品牌在办公室里“制造”。企业在做传播时，要么讲产品，要么讲品牌。蒙牛此次文案不仅能引起经历过高考的目标受众的共同回忆，还彰显了2018年提出的“要强”品牌主张。该文案在吸引流量、提升产品价值、促进销售，以及提升信任度和增强品牌力等方面都达到了较好的传播效果。

任务一　说产品，促销售

情景导入

在了解了“电子商务文案是什么”、“电子商务文案做什么”，以及“电子商务文案对谁说”的相关知识后，小晴迫不及待地想练练手——写一篇吸睛的电子商务文案，但思绪万千的她提起笔却不知该写些什么，于是她准备先收集“电子商务文案内容”的相关信息，为后续写文案打下坚实的基础。

任务目标

1. 了解详情页策划的流程及内容。
2. 熟知详情页文案的组成部分。
3. 了解促销文案的种类及促销海报文案的内容。

知识储备

销售文案的目的是通过文字、图片、动画等素材把产品的价值展示给消费者看，快速促成交易。销售文案主要包括详情页文案、活动文案和促销文案。

一、详情页文案

在电子商务环境下，消费者不能实际看到、触摸到商品实物，只能借助商品详情页的展示来了解商品信息。商品详情页文案是电子商务文案的重要组成部分，它主要用于商品信息的表述，包括商品材质、商品设计理念、商品参数、商品颜色、商品图片、商品服务等。

1. 详情页文案的含义

详情页文案展示的是商品详情，主要通过文字、图片等元素全面地展示商品的功能、特性，以及销售、物流、售后等方面的信息，从而增加消费者对商品的兴趣，激发其潜在需求，引导其下单购买。

2. 详情页文案的目的

详情页文案的主要目的是让公司经营的产品更有认知度和销售力，更好地获得目标受众的认知，更有效地把产品价值传达给目标受众，并以此激发消费者的购买欲望，进而促成交易。

3. 详情页文案的作用

详情页是商品信息的主要展示页面，设计出对消费者有吸引力的商品详情页是激发消费者产生购物行为的主要手段。一篇优秀的商品详情页相当于一个金牌客服，能延长受众在店铺的停留时间，促进店铺订单量的增加。详情页文案的作用主要体现在以下两个方面：

(1) 传递产品信息，引导消费者购买。

详情页文案可以让消费者了解商品的详细信息，对其产生购买行为具有重要的引导作用。

(2) 促进销售，增强产品竞争力。

详情页文案可以全面、系统地展示商品及服务，更有效地把产品最具竞争力的价值展示给消费者，让公司的产品变得更好卖，增强产品的竞争力。

4. 详情页策划

商品详情页是整个销售环节的前沿阵地，是网店的“销售员”，详情页策划工作就是告诉客户为什么要购买该商品。商品详情页策划考虑的因素主要有文字描述、文案设计、排版布局和视觉设计效果等。

详情页策划首先要明确消费者的需求，根据消费者需求来挖掘商品卖点，再根据卖点设计具体内容，打造出符合消费者需求的高转化率详情页。详情页策划的流程及内容主要包括：熟悉产品知识、挖掘用户痛点和提炼产品卖点，如图 4-1 所示。

(1) 熟悉产品知识。

文案工作者只有在了解产品、熟悉产品特点的基础上开展文案写作，才能写出内容符合商品特点、凸显商品卖点、吸引有相关需求消费者的文案。策划详情页前需要对产品知识非常熟悉，主要包括以下两点：

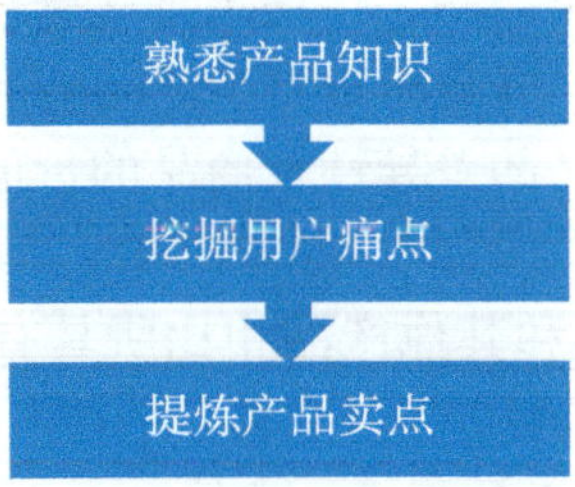

图 4－1　详情页策划的流程及内容

1）了解产品信息。产品信息主要包括产品的名称、品牌、种类、材质、尺寸、用途、使用方法、注意事项、配送及售后服务内容等。

【敲黑板】

了解产品信息的途径有：
听一听——听专业人员介绍产品知识；
看一看——亲自查看产品说明书，观察产品；
用一用——亲自使用产品，仔细体会产品的优缺点；
问一问——对疑问要找到答案；
讲一讲——努力在自己明白的基础上让别人也明白。

2）分析产品特点。了解产品基本信息后，要善于找出产品的优点和缺点，并制定相应对策。找出产品的优点，用精准的文字吸引消费者的注意；找出缺点，考虑如何将缺点转化成优点或给顾客一个合理的解释。

【敲黑板】

在了解产品信息的基础上，文案工作者要进一步欣赏产品的优点，相信产品是一个能为顾客带来好处的产品，一个值得顾客购买的产品。只有信赖产品、对产品及企业有信心，才能写出更具说服力的文案。

（2）挖掘用户痛点。

详情页文案可以从逻辑和情感出发，把产品亮点数字化，把用户痛点场景化，用产品亮点去打击用户痛点。挖掘用户痛点的流程为：

1）了解用户痛点。痛点是指用户正在受到困扰的，或是急需解决的问题。要想了解用户痛点，可以查看自家商品或竞品的“买家评价”，找出评价中出现的消费者对商品不满意的点或抱怨。另外，查看淘宝网的“问大家”也是获取用户痛点的主要途径，通过“问大家”能最直接地了解用户购买该商品前所关心的问题。

2）分析消费者最关注的点。将消费者对商品抱怨的问题全部整理出来，然后统计问题的数量，找出消费者最关心的点，以及最想解决的问题是什么。

3）根据获取的信息，做出需求列表，并按重要性排序。

（3）提炼产品卖点。

打造详情页非常重要的一点就是提炼产品卖点，产品的卖点是店家传递给消费者最重要的商品信息，可以向消费者介绍产品、传递某种主张或承诺。提炼产品卖点，应在确定消费者需求的前提下，找准竞品，并分析自身产品与竞品的区别，总结出自身产品的优点和独特卖点，让消费者感受到产品的差异性及商品的价值，更好地打动消费者，使其产生购买欲望。

1）产品卖点。卖点是指产品和其他产品相比所具有的与众不同的特色和特点，是产品本身具有的，或通过策划能使消费者接受和喜爱的特点。卖点是促使消费者产生购物行为的主要因素，卖点越符合消费者的购物需求，就越能激发消费者的购物欲望。产品卖点展现角度是多元化的，主要包括：品牌、材质、功能、外观、性价比、独特利益、售后服务等。

独特卖点是消费者选择买该产品而不买竞品的独特原因、理由。文案工作人员要善于找到产品的卖点及独特卖点。一般情况下，电子商务文案中如果不能展现三个以上独特卖点，就无法打动消费者。

【敲黑板】

产品的卖点要与竞争对手有明显的区别，并且能让消费者一眼看出区别。产品卖点的提炼需要遵循“人无我有，人有我优，人优我专”的原则。

2）核心卖点。核心卖点是能体现产品核心竞争力的一个特点，主要有区分度和竞争力两个维度，即这个卖点可以瞬间让消费者记住该产品，从而区别于其他竞品，并且跟同行相比，具有较强的竞争力。如某品牌手机“充电 5 分钟通话 2 小时”，某品牌变频空调“1 晚低至 1 度电”。

【敲黑板】

卖点是消费者购买产品的理由，卖点过多等于没有卖点，在不能一一将所有卖点展示出来的情况下，要抓重点介绍，打造核心卖点。

核心卖点的主要表现方式有：与同行相比具有超强竞争力的超级卖点；具有唯一性的独家卖点；与同类商品相比具有明显差异化特征的新卖点。核心卖点最好既是消费者的痛点，又是别家商品所没有的卖点。

3）产品核心卖点的提炼方法如表 4-1 所示。

表 4-1　产品核心卖点的提炼方法

类型	内容
围绕产品属性提炼核心卖点	(1) 从产品自身的角度入手，充分结合产品的基本功能，同时与消费者的需求牢牢结合； (2) 从产品的说辞着手，将市场上所有同类产品的共性第一个说出来，并让消费者记住，使消费者一有需求就想到该产品； (3) 强调产品的唯一性，在差异化方面做到市场的独占，形成市场中的差异化卖点。如强调产品的细节，强调产品的特色，强调卓越的产品品质，强调卓越的产品功效，强调优越的性价比等
围绕产品利益提炼核心卖点	产品最终是要卖给消费者的，因此要从消费者的角度来进行考虑，突出买家需求，思考消费者最关心的问题是什么、自己的产品能给消费者带来哪些好处，从中提炼出核心卖点

续表

类型	内容
围绕产品服务提炼核心卖点	服务是指为他人做事，并使他人从中受益的一种有偿或无偿的活动。网店服务分为售前、售中和售后服务，从产品服务的角度提炼卖点可以是免费包邮、多仓库发货、当日达、次日达、7 天无理由退换货、支持专柜验货、三年包换、终身保修等

小知识

确定竞争对手，对竞争对手进行分析，可以发现市场的空缺，了解本企业与竞争对手的区别，找出自身产品的竞争优势。通过大量研究对手的详情页和评价，可以提炼出对方的核心卖点，分析对方是如何吸引和打动消费者的；可以了解竞争对手的薄弱点，将对方的薄弱点作为自己的突破点。

确定竞争对手，可从商品、价格、销量三个维度进行。具体操作为：搜索主打关键词，找到相同的或类似的同行店铺，分析不同价格段的商品销量，确定价格相近、商品类似、销量比自己商品略多的同行为主要竞争对手。

撰写详情页文案前，可查看同行业商品详情页文案，了解其写作思路及技巧，再根据自己前期做的准备，进行构思融合，形成自己独特的文案。

5. 详情页文案的组成部分

消费者选择进入详情页就是希望借此获得想要的信息，因此商品详情页呈现的内容非常重要。

考考你

1. 如果让你写一篇商品详情页文案，你会介绍哪些信息？
2. 你认为商品详情页的哪些内容会增强消费者的购买决心？

详情页文案是综合文字、图片、视频等多种表现形式的页面，需要对产品信息进行全面呈现，并重点突出消费者感兴趣的关键信息。详情页文案的组成部分主要包括以下几个方面：

（1）产品参数。

产品参数主要描述产品的属性。产品参数是指产品提供给市场，被人们使用和消费，或者是满足人们某种需求时需要标明的某种特征值，包括产品名称、品牌、型号、颜色、长度、宽度、高度、密度、质量、物理特性、规格、使用的行业标准、原料、生产工艺、各种化工原料的添加值、性能、产地、储存环境、使用寿命、结构等。简言之，产品参数是产品被人们使用和消费的特征值。

（2）产品展示说明。

产品展示说明是详情页中最重要的内容，主要是通过文字、图片等元素将产品的全貌、性能、特性及优点等以灵活而富有创造性的方法展现出来，方便消费者了解信息，做出购买决策。

产品展示说明一般是循序渐进地介绍产品的卖点，并且将产品的核心卖点放在详情页的上部或者中部，对应的语言描述应该生动易懂、由浅入深，以达到引人入胜的效果。

【敲黑板】

网络购物不同于传统线下交易，它无法让客户对产品形成直观的视觉效果体验。在网络上最直观的展现方式就是图片，消费者通过产品图片“看见”产品，判断其是否是自己想要的。

产品详情页中展示的图片主要包括焦点图、产品全图、产品细节图、场景图等。

（3）促销信息。

详情页中将商品打折、满减、赠送等优惠活动展示出来，在一定程度上能吸引消费者的注意力，促使其做出购买决定。当商家开展促销活动时，将促销广告放置在商品详情页的最上方，可以快速吸引消费者的眼球，刺激购买，达到提高销售额的目的。如“满 300 减 60”“2 件 8 折、3 件 7 折”“前 300 名送丝巾一条”等优惠活动，不仅能吸引消费者购买，还能带动店铺的整体销量。

（4）使用效果及说明。

针对消费者对产品使用效果的顾虑，可通过产品的权威认证信息、产品质检证书、实体店信息、支持专柜验货或第三方消费评价等，消除消费者的后顾之忧，使其对产品产生信赖，从而引发消费者的购买欲望。如果产品需要消费者收货后自行安装，就需要在详情页介绍产品的结构及安装、使用方法等，达到传递实用信息、消除消费者顾虑的效果。

（5）售后服务。

售后服务主要是针对后续维修等服务进行承诺，保障买家权益。商家应在能力范围内进行承诺，如产品质量承诺、发货承诺、退换货承诺等。如图 4－2 所示为天猫某网店售后服务内容。

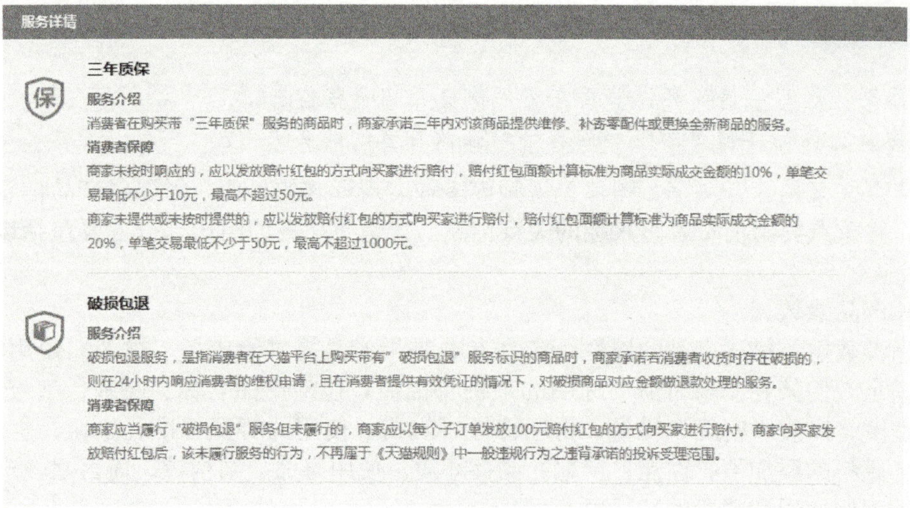

图 4－2 天猫某网店售后服务内容

（6）关联推荐。

详情页文案可以关联推荐一些同类产品或搭配套餐，以激发消费者的购买欲望，提高消费者的客单价，这在一定程度上决定了店铺销售额的高低。关联推荐可以是相关搭配推荐、热卖推荐、替代关联推荐、潜在关联推荐等。

【敲黑板】

客单价是指每位顾客在店铺中平均购买产品的金额。

二、活动文案

1. 活动文案的含义

活动文案是为产品的宣传与推广活动服务的文案，目的是说明活动详情，引导用户参与活动。其主要特点是简洁清晰、全面具体、重点突出、结构有层次。

2. 活动文案的类型

活动文案按照长度可分为短文案和长文案；按照文案的目的可分为互动型文案和卖货型文案。如图 4－3 所示。

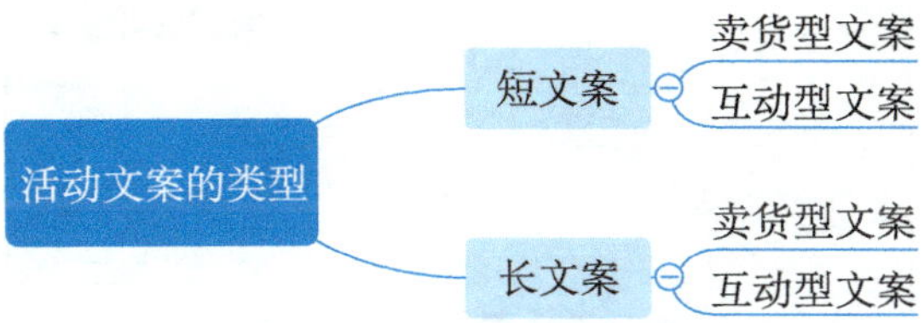

图 4－3 活动文案的类型

短文案适用于活动规模小、风险低、规则简单的情况，可用于日常互动活动、常规活动。长文案适用于活动规模大、风险高、规则复杂的情况，可用于大型活动，如“双 11”、新年促销活动等。

互动型文案需要用户积极参与，满足条件即给予一定的奖励。活动目的可以是拉新、促活、留存、转化任意一种，需要用户给予一定反馈。卖货型文案通常为特价商品或商品合集推荐，需要让用户购买，活动目的是促进销售转化。

3. 活动文案的组成部分

一般活动文案由活动标题、活动时间、活动介绍、活动说明四个部分组成。如图 4－4 所示。

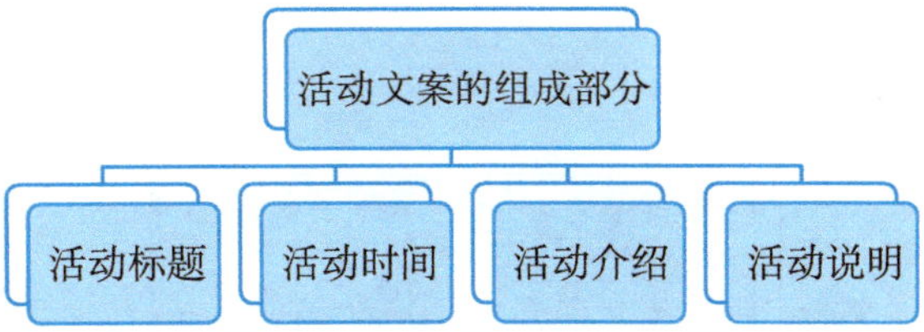

图 4－4 活动文案的组成部分

（1）活动标题。

活动标题一般包括活动主标题与副标题。主标题能够概括活动主题，文字简明扼要。副标题则对主标题进行补充说明，挖掘活动吸引点。

（2）活动时间。

包括活动的开始时间、结束时间，精确到具体时刻，避免产生纠纷。例如：上传作品时间为“2020 年 12 月 1 日 00:00—2021 年 1 月 10 日 24:00”。

（3）活动介绍。

包括活动背景及基本情况介绍、活动规则（参与、报名方式）、奖品设置（奖励规则、奖品介绍）等情况，既突出活动主题也强调活动细则。

（4）活动说明。

包括对活动规则中的用户参与方式、参与次数、报名成功等的补充说明，对活动奖品的参数、适用范围、发放方式、发放通知等的说明，及防作弊违规说明、最终解释权说明等。

赏文案

标题：15 分钟上饭，无菌米饭征集活动

活动标题包括主标题“快生活中的慢幸福”及副标题“15 分钟上饭征集活动”。

活动标题

活动时间包含活动各阶段的时间安排。

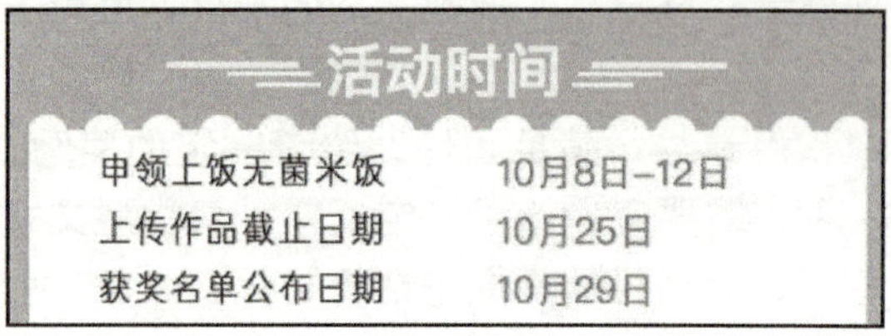

活动时间

活动介绍部分通过生活场景引入主题，提出活动主要内容为“15 分钟出精致一餐”，接着对活动的具体规则、参与方式、加分操作进行辅助说明，并辅以食品图片，帮助受众理解活动。

活动介绍

活动说明部分包括奖品展示及最终解释权说明。

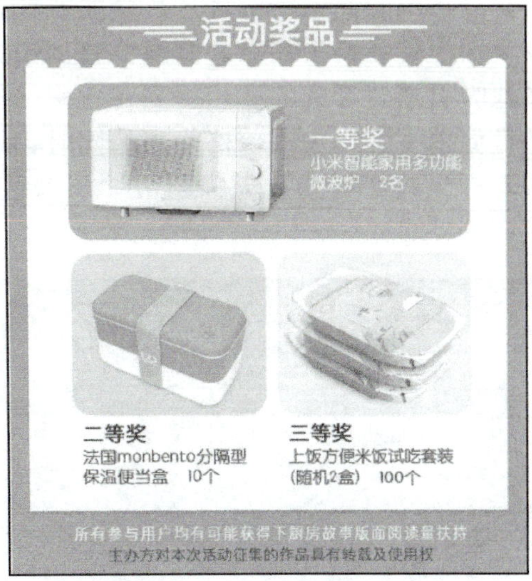

活动说明

三、促销文案

1. 促销文案的含义

促销文案是指电商企业为了促进产品销售，利用降价、打折、满减、赠送等营销手段创作的文案，主要目的是在特定的时间内冲击产品销量。

2. 促销文案的类型

网络促销的途径多种多样，因此促销文案的种类也非常丰富，主要包括以下几种：

(1) 价格折扣促销文案。

价格折扣是电商行业常用的一种促销方式，如降价、打折、满减、限时抢购等。价格折扣促销文案可以吸引更多的消费者进行消费，如图 4-5 所示为某服饰品牌天猫旗舰店卫衣价格折扣促销文案。

图 4-5 某服饰品牌天猫旗舰店卫衣价格折扣促销文案

（2）节日促销文案。

节日促销也是电商企业最常用的促销手段之一，众商家在各传统节日和一系列电商节纷纷开展促销活动，以吸引消费者购买商品。撰写节日促销文案时应注意与促销的节日关联，这样才可以更好地吸引消费者的关注，提高转化率。打情感牌是节日促销文案写作中最常用的方法。节日促销文案在表明价格优惠的同时，结合情感诉求的方式，更能打动消费者，刺激消费者产生购买行为。天猫超市“38 女王节”促销文案如图 4－6 所示。

图 4－6　天猫超市“38 女王节”促销文案

（3）奖品促销文案。

奖品促销是指在消费者购买产品或服务时，通过赠送其一些礼品，达到促进主产品销售目的的一种营销方式。礼品促销是电商企业常用的一种奖品促销方式，通常以向消费者赠送礼品、消费券等方式给予优惠。在赠品的选择上一般要选一些有特色、消费者感兴趣的产品。抽奖促销也是奖品促销常用的方法，抽奖时要注意“公开、公正、公平”，奖品要对消费者有吸引力。某家具品牌天猫旗舰店的抽奖促销、礼品促销文案如图 4－7、图 4－8 所示。

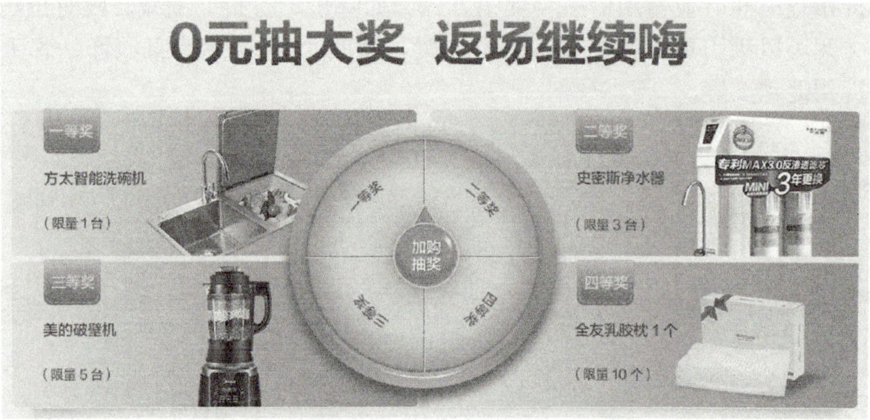

图 4－7　某家具品牌天猫旗舰店抽奖促销文案

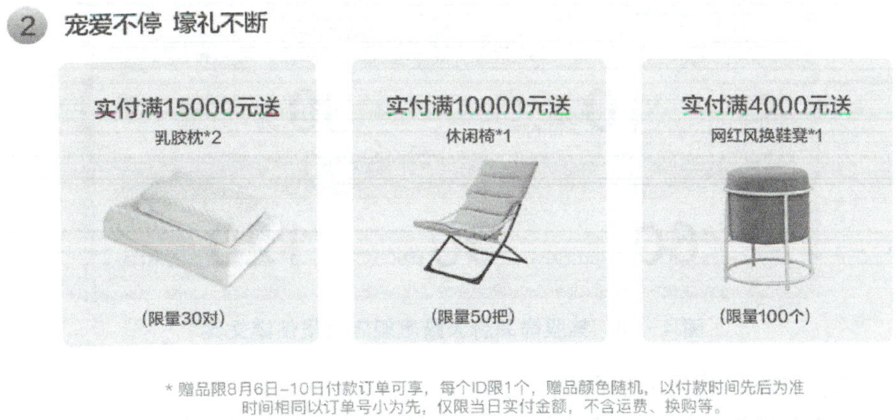

图 4-8　某家具品牌天猫旗舰店礼品促销文案

(4) 店庆促销文案。

店庆促销是一种常见的促销手段，商家可以利用纪念日开展促销活动，如企业、网店周年庆，店铺访问量突破多少大关，店铺成交额突破多少元大关等，都是很好的店庆促销时机。店庆促销要注意营造喜气洋洋的气氛，以此吸引消费者的眼球，提高下单率。此外，店庆促销的力度一定要大，要让消费者感受到实实在在的优惠，促使其立刻下单。某品牌京东旗舰店周年庆促销文案如图 4-9 所示。

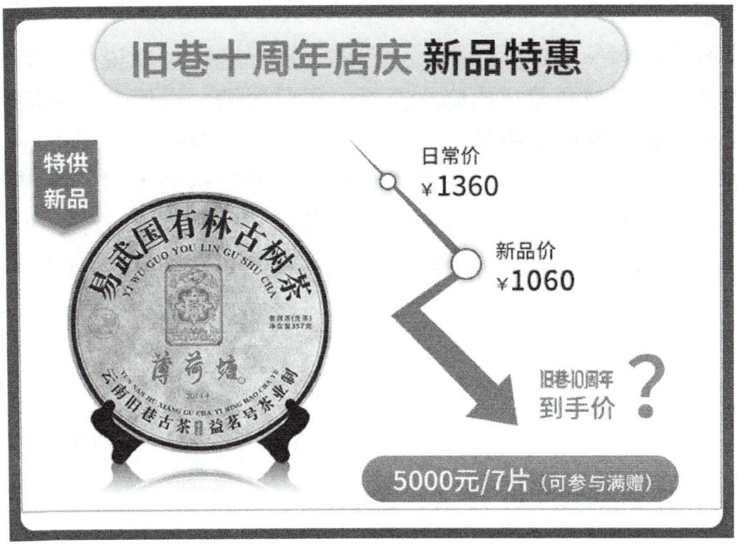

图 4-9　某品牌京东旗舰店周年庆促销文案

(5) 会员促销文案。

会员制是现代商家顾客管理中普遍使用的一种营销模式，将消费者转化为会员，未来发生多次交易的概率就会提升。会员制营销是商家通过发展会员，提供差别化的服务和精准营销服务，提高顾客忠诚度和满意度的营销手段。实施会员制，要对会员设置让利，如定期或不定期给予折扣或价格优势，为会员提供优质的服务，使会员产生归属感，提高会员的忠诚度和满意度等。某服饰品牌天猫旗舰店会员促销文案如图 4-10 所示。

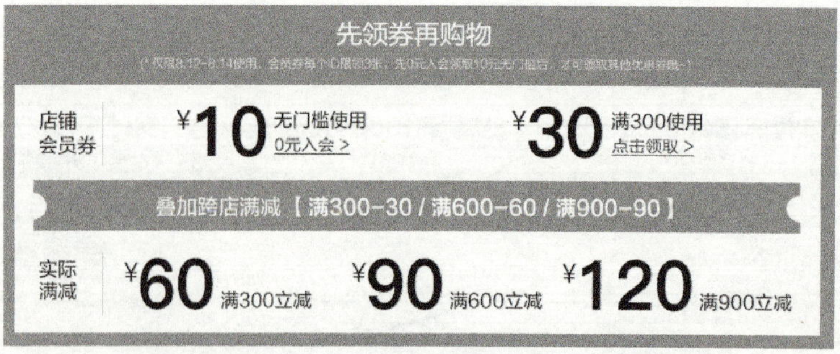

图 4－10　某服饰品牌天猫旗舰店会员促销文案

3. 促销海报文案的内容和类型

海报是网络中最常见的一种广告形式，一般以 JPG、PNG、GIF 等格式的图像文件的形式呈现在网店首页中，用于表现广告的内容。

电商海报文案主要有商品海报文案、活动宣传海报文案、促销海报文案和品牌推广海报文案。电商海报文案中的主要信息包括主标题、副标题、描述信息（如产品卖点、促销信息）等。

促销海报文案是电商企业为了在特定的时间范围内，利用打折、优惠等营销手段促进商品销售而制作的海报文案。促销海报是整个促销活动的灵魂，海报设计得是否有吸引力，能否引起消费者的购买欲望，直接关系到产品的销售情况。

（1）促销海报文案的内容。

促销海报文案的内容一般包括品牌、主标题、副标题、辅助说明、商品卖点和精美的图片等，常用的文字编辑技巧是突出降价打折、限时促销、送优惠券和抽奖等内容。

设计海报文案要精心琢磨海报的图片、文字、色彩搭配等。海报中的文字内容是海报的主题，用来展示海报的设计意义，图像主要起着辅助表达的作用。海报中的文案要一目了然、简明扼要，让消费者看后能立刻产生点击的欲望。如华为商城“818 换新季”海报文案“一起 5G 正当时，爆款手机最高省 800，最高享 12 期免息”，如图 4－11 所示。

图 4－11　华为商城“818 换新季”海报文案

（2）促销海报文案的类型。

常见的电商促销海报包括轮播海报、钻石展位海报及主图海报等不同位置的海报，如图 4－12 所示。

图 4－12　常见的电商促销海报

根据促销海报文案包含的内容，可将其分为以下三种类型，如图 4－13 所示。

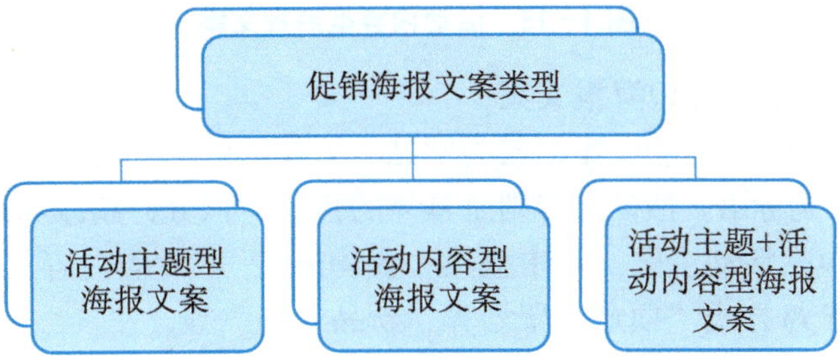

图 4－13　促销海报文案类型

1）活动主题型海报文案。

活动主题型海报文案中只有活动的主题，即文案的标题，包括主标题与副标题。主标题简明扼要地概括活动主题，副标题可补充说明主标题，挖掘活动吸引点。如图 4－14 所示，活动的主标题为“行者”，副标题为“真皮户外鞋”，相关的产品价格、活动规则未展示。

图 4－14　活动主题型海报文案

2）活动内容型海报文案。

活动内容型海报文案中没有活动主题，直接将活动主要内容作为海报文案标题。海报展示的内容主要包括店铺活动内容、活动产品、活动时间及促销形式。如图 4－15 所示的“爆款 5 折”即为海报文案的主标题，也是活动的主要内容。在主标题外又添加了副标题和附加内容，同时设置了活动内容及活动时间，让消费者一眼就能看到活动的内容和折扣力度，以此来吸引消费者浏览及购买。

图 4－15　活动内容型海报文案

3）活动主题＋活动内容型海报文案。

活动主题＋活动内容型海报文案是较为常见的形式，是以上两种文案形式的结合。活动主题一般是对称的两句标语，活动内容则是具体的折扣、积分、满减和返现等。如图 4－16 所示海报，其文案包括活动主题“年中盛典　预售来袭”、活动内容及时间“25 日下单立省 100 元”和活动参与方式“预定、聚划算、新品专场”等。

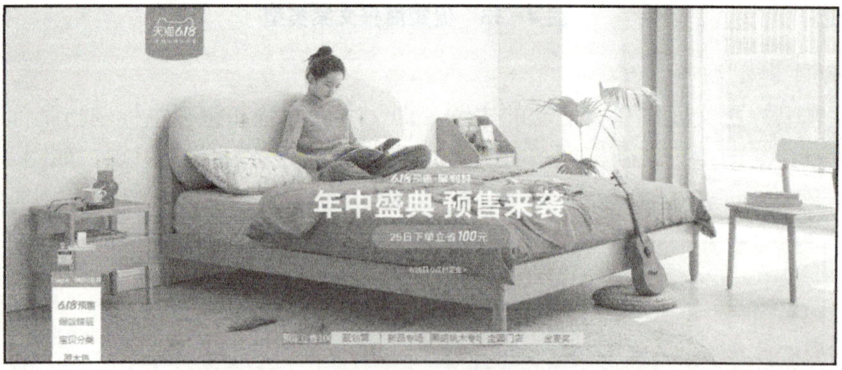

图 4－16　活动主题＋活动内容型海报文案

任务实施

任务背景：

小晴所在公司计划在春季开季前推出一款新产品——可移式台灯，如图 4－17 所示。

图 4-17　新款台灯

该台灯产品信息如下：

风格：北欧；适用空间：客厅、书房、卧室、其他；颜色分类：红木纯白、红木亚麻、原木纯白；灯具是否带光源：是；开关类型：拉线开关；电压：100～240V；功率：6（含）～10（含）W；灯身材质：木；灯罩材质：布；光源类型：白炽灯、LED、节能灯；照明面积：10～15m^2；工艺：喷漆磨砂；质保年限：3 年；是否无线充电：是；USB 充电接口：5V2A；定价：398 元；促销价：168 元。

一、详情页内容策划

1. 分析产品特点

请根据以上产品信息，分析该产品的特点。

(1) 了解产品信息。

尽可能多地写出描述产品特点的关键词：

(2) 总结产品特点。

请写出产品的优点：

请写出产品的缺点：

2. 挖掘用户痛点

(1) 查看同行店铺同类商品的“评价”和“问大家”，了解并记录用户的痛点，完成表 4-2 的填写。

表 4-2 同行店铺同类产品用户痛点记录表

编号	店铺名称	宝贝标题	用户痛点 1	用户痛点 2	用户痛点 3
1					
2					
3					
4					
5					

（2）对表 4-2 中用户抱怨的问题进行统计分析，按被提及次数的多少，找出用户最关心的点或最想解决的问题，依次进行记录。

用户痛点 1：____________________（提及次数：________次）

用户痛点 2：____________________（提及次数：________次）

用户痛点 3：____________________（提及次数：________次）

3. 提炼产品卖点与核心卖点

（1）了解竞品的卖点。

寻找经营同类产品的店铺，查看竞品的卖点，完成表 4-3 的填写。

表 4-3 同行店铺竞品卖点记录表

编号	店铺名称	宝贝标题	卖点 1	卖点 2	卖点 3	卖点 4	核心卖点
1							
2							
3							
4							
5							

（2）结合产品特点，确定新产品的卖点及核心卖点。

产品卖点：____

核心卖点：____

（3）尝试对确定的某一卖点信息进行文字加工，写一则产品文案。

____

二、促销文案内容策划

1. 分析促销文案

进入 3～5 家“创意台灯”店铺，查看其促销海报文案，认真品读并对其亮点进行简要分析，完成表 4-4 的填写。

表 4-4 同行店铺“创意台灯”促销文案分析

编号	店铺名称	促销文案（图片/文字信息）	亮点分析
1			
2			
3			
4			
5			

2. 进行促销文案的内容策划

根据所学知识，结合上述分析，从以下三个方面入手分别为新产品完成促销文案的策划。(要求：只需完成文字部分设计即可)

(1) 用特殊的活动设计增强消费者购买的紧迫感。

____

____

(2) 借助特定的场景，激发消费者的购物需求。

____

____

(3) 采用关联销售，让促销效果最大化。

____

____

三、促销海报文案内容设计

细读上一步骤中设计的促销文案，选择你最满意的一个完成促销海报文案设计，重点完成文字部分的设计，并将内容填写在下方横线上。

1. 主标题

____

2. 副标题

____

3. 辅助说明

____

4. 商品卖点

____

任务二　塑形象，铸品牌

情景导入

网络时代，如何让自己的产品和品牌家喻户晓呢？小晴脑海中浮现出了很多经典的品牌文案，如“阿芙，就是精油”“小米，为发烧而生”“我是江小白，生活很简单”等。小晴想先了解品牌文案的相关知识，然后开始品牌文案的写作。

任务目标

1. 了解品牌命名的原则及品牌口号文案撰写的原则。

2. 熟知品牌故事的写作角度和选材角度。

知识储备

随着电子商务的快速发展，出现了很多让人印象深刻的电商品牌，而这些品牌背后都有一个诠释其特点、价值的文案。

【敲黑板】

电商企业之间产品的竞争可以看作是一种“硬”实力的比拼，而品牌价值则是“软”实力的体现。随着社会经济与网络的不断发展，品牌之间的竞争越来越激烈。

品牌文案是针对企业品牌文化撰写的，用于树立企业形象、推广企业品牌、促进商品销售的一种文案。电商企业不论规模与名气的大小，都应该拥有自己的品牌文化，有能打动受众的品牌文案。品牌文案主要包括品牌名称文案、品牌口号文案、品牌故事文案等内容。

小知识

电商品牌文化又称网络品牌文化，是企业、个人或组织在网络上建立的优质产品或服务在公众心目中的形象。品牌文化是看不见、摸不着的精神动力，一旦形成就会对品牌的经营管理产生巨大的影响力，不仅可以吸引更多的消费者成为品牌的追随者，还能增强品牌的竞争力，以及起到提高企业员工工作积极性、增强企业凝聚力的作用。

一、品牌名称文案

成功的品牌一般都有一个响亮的、受消费者认可的品牌名称。品牌名称的设计需要创作者有丰富的想象力和灵感，需要花费大量的时间和心血。

1. 品牌命名的原则

品牌命名的原则主要包括以下几点：

（1）简短明了，易读易记，易于传播。如淘宝、1号店、饿了么、良品铺子等品牌名称非常便于公众记忆，易于传播。

（2）风格独特，特色突出。如唯品会、三只松鼠、韩都衣舍、妖精的口袋等通过品牌名称突出了自己独特的风格。

（3）避免生僻，便于搜索。如阿里巴巴、拼多多、好孩子等品牌名称无生僻字，便于认知和搜索。

（4）饱含寓意，激发联想。如聚美优品、美团、初语等品牌名称不仅能激发消费者的联想，还能增进消费者对产品的信赖感，准确地体现了产品的特点和要塑造的品牌形象。

2. 品牌名称设计的类型

品牌命名需要结合企业自身的服务领域和产品进行，品牌名称设计的类型主要有八种，具体内容及举例如表 4-5 所示。

表 4-5　品牌名称设计的类型及举例

编号	类型	举例
1	以企业名称命名	阿里巴巴、京东商城、凡客诚品、海尔、长虹、格力、联想
2	以人名命名	李宁、羽西、王守义、张小泉、毛戈平、戴尔
3	以地名命名	黄鹤楼、茅台、燕京、桑塔纳
4	以字母组合命名	TCL、LG、IBM、HP、OSA
5	以数字命名	360、999、502
6	以寓意命名	不二家、珍视明、飘柔、旺仔、农夫山泉、足力健
7	以吉祥之义命名	好时、双喜、福临门、永久
8	以民俗命名	女儿红、状元红、金六福

二、品牌口号文案

1. 品牌口号的含义

品牌口号是用来传递有关品牌的描述性或说服性信息的短语。品牌口号可以宣传品牌精神、反映品牌定位、丰富品牌联想、清晰品牌名称和标识等。品牌口号的特征是信息单一、内涵丰富、句式简短、朴素流畅、反复运用、印象深刻。

品牌口号对品牌而言起着非常重要的作用，不仅要让消费者轻松记住，还得让消费者产生了解该品牌的想法，触动消费者购买该产品的心理动机，以及触动消费者购买该品牌产品的心理期望。

2. 品牌口号的类型

品牌口号的类型主要有三种，具体内容及举例如表 4-6 所示。

表 4-6　品牌口号的类型及举例

编号	类型	举例
1	提炼企业文化精华	阿芙：阿芙，就是精油 小米：让每个人都能享受科技的乐趣
2	涵盖企业整体规划	阿里巴巴：让天下没有难做的生意 云集：注册云集 App，购物享受批发价
3	倡导时尚生活方式	野兽派：追求美而有趣的生活 天猫：理想生活上天猫

【敲黑板】

将品牌名称融入口号，从品牌的核心价值入手并结合场景提出口号，有利于品牌的传播。

3. 品牌口号文案撰写原则

文案本质上是信息的传达，品牌口号文案撰写应该遵循以下原则：

(1) 简短易记，口语风格。

品牌口号主要是通过口头传播，来扩散品牌形象和观念的影响力，并成为消费大众的日常生活流行语，因此要简短易记，表现风格要口语化。如民宿短租预订平台“途家民宿”的口号为“住民宿，上途家”；又如零食品牌良品铺子的品牌口号“让嘴巴去旅行”。

(2) 用词朴素，合于音韵。

品牌口号应用词朴素、富于音韵之美和流畅之美。如共享租房平台爱彼迎（Airbnb）的品牌口号“睡在山海间，住进人情里”。

(3) 突出个性，引起关注。

只有具有个性的广告口号，才能在平凡中得到凸显，才能引起受众的关注和记忆。如女装品牌“妖精的口袋”的品牌口号“我是妖精，你是谁?”。

(4) 情感亲和，渗透力强。

为了建立广告主与目标受众之间的牢固关系，品牌口号应该在情感、亲和力上下功夫，将企业的理念、企业所做的努力、企业对消费者的关切用情感性较强的形式告诉消费者，使情感渗透形成某种内在的亲和力。如网易严选的品牌口号“好的生活，没那么贵”。

【敲黑板】

品牌口号应尽可能突出自己的特色、竞争优势、品牌的核心价值以及给消费者带来的利益。

三、品牌故事文案

一个品牌要想让受众自发传播，就需要为其讲一个故事，这个故事可以是关于产品或创始人的，也可以是关于客户的，或与其他内容有关。一个好的品牌故事要特别注重故事的塑造和所要表达的思想，最好能够体现出核心的品牌文化。生动的品牌文化故事能打动受众的心，引导客户建立对企业的信任感，获得他们的认同感，有利于增加企业网站访问量，达到传播品牌的效果。

1. 品牌故事写作内容及角度

(1) 品牌故事写作内容。

品牌故事需要沿着确定的主题进行讲述，传达出品牌想要向受众表达的具体内容，一般包括：人物、时间、地点、事件、原因和结果。产品、人、情感是品牌故事中不可缺少的要素，只有将产品和人紧密联系在一起，再融入真挚的情感，才能让故事更饱满，吸引并感动顾客，达到高效传播的效果。

(2) 品牌故事写作角度。

品牌故事有多种写作角度，从不同的角度可以写出不一样的生动故事，达到震撼人心的效果。常见的写作角度有三种：

1) 关于技术（产品）的发明或原材料的发现的故事；

2) 品牌创建者的某段故事；

3) 品牌发展过程中发生的经典故事。

此外，还可以根据品牌需要呈现出的效果来选择故事写作的角度，可以从企业的角度、顾客的角度、产品的角度完成品牌故事的撰写。

2. 品牌故事的选材

品牌故事不同于其他文体，它形式灵活、选材多样。品牌故事是一种说服的艺术，是一种与受众产生情感连接和价值认同的沟通方式，选材应注重能引起受众共鸣。品牌故事常见的选材主要有以下几种：

（1）生活型。

以日常生活中的一些片段为主要描写场景，采取短篇小说的形式，通过富有吸引力的故事情节来创造特定的场景，以表现产品品牌的情感特征和功能。

赏文案

星巴克的品牌故事（节选）

霍华德·舒尔茨是星巴克的董事长、首席战略总监。舒尔茨 1952 年出生在纽约的布鲁克林区，毕业于美国北密歇根大学；1975 年进入施乐公司工作；1982 年，成为星巴克的市场部和零售部经理；1986 年，离开星巴克开设了自己的第一家咖啡店；1987 年，舒尔茨召集一批投资者买下星巴克公司；1992 年，星巴克在美国上市。星巴克于 1999 年进入中国，积极致力于将中国做成在美国之外最大的海外市场。2006 年，舒尔茨跻身《福布斯》富豪榜，身家超过 10 亿美元。

星巴克背后有个令人感动的故事。

1961 年的冬天，对小小的舒尔茨来说，是那么寒冷。当卡车司机的父亲出了事故，从此失去了半条腿，终身与拐杖为伴。因为工伤，父亲失去了工作，这意味着家里失去了经济来源。而父亲得到的工伤赔偿也少得可怜，因为此前老板拒绝签署完备的保障协议。

1982 年，舒尔茨毅然辞去年薪 7.5 万美元的职位，加入了星巴克。一年以后，舒尔茨有一次去米兰出差，当他走入当地的一家咖啡馆，喝到一杯意式咖啡时，就产生了创办我们今天所见到的星巴克的想法。“原来放松的气氛、适宜社交的空间、心情的转换，才是咖啡馆真正吸引顾客一来再来的精髓。大家要的不是喝一杯咖啡，而是渴望享受咖啡的时刻。这才是星巴克要做的。那时我真是心潮澎湃！”他后来回忆说，“美国还没有这种东西，我预感到自己将会大有作为。”

（2）传说型。

通过故事传说来表现品牌，可以让品牌具有历史气息和传播力度。故事可以是自古以来流传的故事，也可以是自己撰写的故事。

赏文案

某瑞士化妆品的品牌故事

瑞士小城圣莫里茨（St. Moritz）风光秀美，宛如仙境，有着数不清的神话传说。其中，又以圣莫里茨湖的传说最令人心驰神往。

相传，掌管女性青春的女神就居于此湖中，她用美丽的蓝色装饰湖水，使此湖成为世界上最美丽的湖泊。相传女神曾受诸神之托，酿造用于长生不老的“神仙酒”，她先后用了大海的波涛、盛夏的甘霖、清晨的甜露，都没有成功，直至最后运用无边的法力，令圣莫里茨湖拥有了神奇的能量，才用湖水酿成此酒。

而从此以后，生活在圣莫里茨的人们，因为世世代代用湖水沐浴，女性看起来更加年轻美丽，男性则个个英俊魁伟。

几个世纪以来，“圣莫里茨湖现象”吸引了无数的游客，科学家们试图通过科学试验揭开神奇湖水的奥秘。后来，一位名叫 Furema Serrault 的生物学家通过漫长、坚持不懈的实验，终于掀开了其美丽的面纱。原来，富含稀有矿物元素的湖水中蕴含着能加速细胞活化的能量，能激活细胞，使肌肤保持年轻美丽。

Furema Serrault 为他的发现惊喜不已，他立即决定将这一技术用到护肤品研发中，并成功开发出一系列能够有效维持肌肤青春活力的产品。由于产品独一无二的功效，更由于它直接来源于闻名遐迩的圣莫里茨湖，使其受到瑞士乃至欧洲中产阶级的拥戴，很多人甚至认为它比黄金、翡翠更为珍贵。

为让更多的女性体验圣莫里茨湖的美妙护肤效应，善于创新的 Furema Serrault 持续对技术加以改良，并于 20 世纪 50 年代，正式推出了以他名字命名的护肤品牌——Furema（中文译名“芙尔蔓”）。

这就是 Furema 护肤品的由来。

（3）人物型。

通过讲述品牌的主要创始人、组织管理人员或客户的有关故事来进行品牌故事的塑造。

赏文案

三只松鼠创始人兼 CEO 章燎原身材瘦削，眼神犀利，有员工形容他的眼睛“像鹰一样”，走路的时候身体有点伛偻，喜欢沉思，步伐很快。章燎原 20 年前开玩笑时随手写了一张卡片给人，上面写着“燎原集团董事长章燎原”。他说，如果将来他发迹了，可以凭此卡片找他。20 年后，这人拿着这张卡片找上门来，章燎原一看，还真是自己写的。那人成了公司的包装供应商，但也因供货不合格受到严厉处罚。

出生于 1976 年的章燎原，在安徽芜湖市创办了“三只松鼠”——一家以卖坚果、干果为主的电商公司。公司的装修是奇妙的混搭风格：既有橙色的管道滑梯，就像你经常在网上看到的互联网公司的装修风格；又四处挂满贴着诸如“百亿梦、幸福梦”口号的红色横幅，这又让你想到传统的乡镇企业。

（4）受众型。

以目标受众群体的需求作为品牌故事的主要内容。

赏文案

某女装品牌故事——为什么这里叫作“妖精的口袋”？

因为，我们一直相信无论什么样的女孩子，心里都藏着一块地方，这块地方不会因为年岁或经历被磨平和改变，因为那里住着一个妖精，天真、热情、多变、敏感、情绪化、孩子气、古灵精怪、叫人捉摸不透，那是原本真实的你的影子，美好的你，永远不会消失。

2006 年，她 24 岁，是全校最奇怪的老师，留金棕色的小卷发，从不按老校长的喜好穿衣服。2006 年 6 月 25 日，她做了一件事，把堆成山的衣服、裙子、鞋子、包转卖掉，再去换些新欢。于是，一家叫作“妖精的口袋”的闲置淘宝店开张了。

2007 年 5 月 21 日，她花 300 元叫了一辆小货车，带上十几箱子书和货，义无反顾地离开了家。

“野丫头，你别以为，我没看到那天你假装系紧鞋带时狠狠擦掉的泪；你别以为，我没听到晃悠悠的货车离开小路开往异乡时，你对着家的方向在心里说了一千句对不起。”

“你某个深夜突然开始想到把衣服搭配起来拍照，把那些上衣、长裤、裙子在地上摆成走路、跳舞、爱幻想的女孩发呆的样子、恋爱中女孩子甜蜜娇俏的样子来拍照；你在产品的文案里开始写自己的生活故事和小情绪，你写咪咪今天洗澡时打了四个喷嚏，你写章鱼公主爱上了海蛇王子，你写一首自编的小情歌，你写遥远的家乡那些古旧温暖的传说；你告诉屏幕后的姑娘们，每个女孩子心里都住着个妖精，有倔强清澈的眼睛，和勇敢柔软的心。”

2008 年，她有了一支团队，兄弟般不分彼此地跟着她打拼。

她说，梦想是最强大的镇静剂，能让人挺过任何事情，值得努力。

（5）理念型。

以追求某种理念为品牌故事的主要内容。

品牌故事要能与企业及产品高度正面关联，尽可能与消费者的思想相对接。撰写的故事必须是积极的、容易被消费者理解和接受的内容。

小知识

品牌文案的作用

品牌文案不等于企业介绍，好的品牌文案对企业有以下作用。

1. 传递品牌理念，塑造品牌形象

品牌文案向受众传达品牌理念、精神文化、产品信息等内容，能赋予产品鲜活的生机与活力，对传递品牌理念、塑造品牌形象有十分重要的作用。

2. 利于提高品牌知名度和影响力

走心的品牌文案，能够赋予产品、品牌特殊的情感，加深消费者对产品、品牌的认知与理解，便于受众记忆和传播，对于品牌推广和品牌宣传有较大的好处，利于提高品牌知名度和影响力。

3. 利于提高消费者对品牌的忠诚度

随着品牌营销竞争的日益升温，消费者选择的范围越来越广，可以随时抛弃一个品牌转向其他品牌。好的品牌文案能吸引消费者的注意力，能引起消费者的共鸣，使品牌在激烈的竞争中脱颖而出，并提升消费者对品牌的忠诚度。

任务实施

一、熟悉品牌文案的内容

1. 品牌名称文案赏析

(1) 登录天猫网站，搜索“灯具”，查看并记录10个品牌名称。

____

____

(2) 在上述10个品牌名称中选择三个你喜欢的文案，填写在表4-7中，并进行简要分析。

表4-7 “灯具”品牌名称文案赏析

编号	品牌名称	品牌名称设计的类型	体现的命名原则	文案简析
1				
2				
3				

2. 品牌口号文案赏析

利用网络查找三家“灯具”品牌的品牌口号，并完成表4-8的填写。

表4-8 “灯具”品牌口号文案赏析

编号	品牌名称	品牌口号	口号类型	体现的撰写原则	文案简析
1					
2					
3					

3. 品牌故事文案赏析

选择一家公司，登录该公司网站查看其品牌故事文案，完成以下问题：

(1) 试对该品牌故事的写作角度进行分析。

____

____

(2) 试对该品牌故事的描写手法进行简要分析。

____

____

二、初写品牌文案

(1) 请为小晴所在的主营“创意台灯”的灯具企业设计一个品牌名称。

____

____

(2) 根据上题设计的品牌名称，为该品牌撰写一个品牌口号。

____

____

（3）选择一个你认为最合适的品牌故事描写手法，为该品牌撰写一则品牌故事。

____

____

____

综合练习

一、判断题

1. 销售文案的目的是通过文字、图片、动画等素材把产品的价值展示给消费者看，快速促成交易。（　　）

2. 详情页文案可以从逻辑和情感出发，把产品亮点数字化，把用户痛点场景化，用产品亮点去打击用户痛点。（　　）

3. 属性是指产品和其他产品相比具有的与众不同的特色和特点，是产品本身具有的，或通过策划能使消费者接受和喜爱的特点。（　　）

4. 产品参数是产品被人们使用和消费的特征值。（　　）

二、单选题

1.（　　）是能体现产品核心竞争力的一个特点。

A. 卖点　　B. 核心卖点　　C. 优点　　D. 属性

2.（　　）是在消费者购买产品或服务时，通过给客户赠送一些礼品，达到促进主产品销售目的的一种营销方式。

A. 价格折扣促销　　B. 节日促销

C. 奖品促销　　D. 店庆促销

3.（　　）是针对企业品牌文化写作的，用于树立企业形象、推广企业品牌、促进商品销售的一种文案。

A. 产品文案　　B. 品牌文案　　C. 详情页文案　　D. 海报文案

4.（　　）是用来传递有关品牌的描述性或说服性信息的短语。

A. 品牌名称　　B. 品牌文案　　C. 品牌口号　　D. 品牌类型

5. 通过讲述品牌的主要创始人、组织管理人员或客户的有关故事来进行品牌故事塑造的选材角度属于（　　）。

A. 人物型　　B. 传说型　　C. 生活型　　D. 理念型

三、多选题

1. 以下属于了解用户痛点的途径的有（　　）。

A. 查看自家店铺商品的“买家评价”　　B. 查看竞品的“买家评价”

C. 查看自家店铺商品的“问大家”　　D. 查看竞品的“问大家”

2. 核心卖点主要有（　　）两个维度，即这个卖点可以瞬间让客户记住该商品，从而区别于其他竞品，并且跟同行相比具有较强的竞争力。

A. 产品优势　　B. 区分度　　C. 竞争优势　　D. 竞争力

3. 提炼商品核心卖点的方法主要有（　　）。

A. 围绕产品属性提炼核心卖点　　B. 围绕产品利益提炼核心卖点

C. 围绕竞品提炼核心卖点　　D. 围绕产品服务提炼核心卖点

4. 促销文案主要包括（　　）和会员促销文案。

A. 价格折扣促销文案　　B. 节日促销文案

C. 奖品促销文案　　D. 店庆促销文案

5. 品牌口号的类型主要有（　　）。

A. 传递产品信息　　B. 提炼企业文化精华

C. 涵盖企业整体规划　　D. 倡导时尚生活方式

四、案例分析题

只要步履不停，我们总会相遇

“步履不停”是一家“靠卖出彩的文案来卖女装”的淘宝网店，几年来凭借着充满美感的文案俘获了万千文艺少女的心，2019 年营收 3 000 万元。

最开始的时候，“步履不停”的文案是将大段的文字印在海报上，就像是少女的独白，看上去十分文艺，如图 4－18 所示。

图 4－18　步履不停海报文案

之后，“步履不停”延续了文艺的风格，将文案写成了现代诗，描绘出美妙的意境，并融入一些关于人生的思考。如：成为他们眼中的你，还是成为你心中的你；其实都好，自在就好。

2017 年开始，“步履不停”抛弃了以往的长文案，精简成一句话，却直抵人心。如：2017“双 11”期间的“凡人系列”——“人与人的亲密关系，有时不如一件打底裤”“听说最暖的衣服，是口袋塞满钱的那种”“和任何一种生活，摩擦久了都会起球”“如果只为自己而穿衣打扮，多少会寂寞吧”。又如 2017“双 12”期间的“趣味相投就是暖”文案——“年轻人，应该很勇猛才对”“不是每个问题，都有答案”。这些文案真实反映了当下年轻人的心理状态。

2020 年春季，“步履不停”又针对衬衫新品推出了一组海报——“每一件衬衫，都是喜欢的样子”。每一款衬衫都被赋予不一样的“性格”：知性沉稳、个性独立、如风自在……让衣服变得生动又有温度。

一路走来，“步履不停”的文案从开始的文艺风到后来的加入人生感悟，再到短小金句，每一次改变都延续了优点，也随着传播环境的变化形成了新的风格。可以说，“步履不停”的文案在变化和进步这件事上，同样步履不停。

阅读案例，回答以下问题：

1. “步履不停”的文案有哪些特点？

2. 谈谈你对“步履不停”是一家“靠卖出彩的文案来卖女装”的淘宝网店的理解。

项目五

电子商务文案怎么说

项目目标

知识目标

1. 了解不同类型电子商务文案的组成部分及要求。
2. 掌握电子商务文案标题的拟定技巧。
3. 掌握电子商务文案内容的布局技巧。
4. 掌握电子商务销售文案与品牌文案的写作技巧。

能力目标

1. 能根据要求创作完整的电子商务文案内容。
2. 能明确销售文案与品牌文案的写作要点。

情感目标

1. 增强电子商务文案的写作能力，锻炼逻辑思维及创新思维。
2. 养成在生活中不断发现、分析、总结的良好学习习惯。

项目导读

一个好的电子商务文案能为企业带来数以万计的销量，为企业塑造良好的品牌形象；反之，一个差的文案也会破坏企业的形象，导致企业利益受损。如何让文案标题有吸引力、让文案内容有代入感、让文案框架条理清晰，是一个文案写手需要思考的问题及具备的写作能力。本项目从电子商务文案标题、开头、结尾的写作，以及正文架构的布局入手，介绍销售文案及品牌文案的写作技巧。

- 电子商务文案怎么说
  - 电子商务文案标题的拟定
    - 电子商务文案标题的作用
    - 电子商务文案标题的拟定技巧
  - 电子商务文案内容的布局
    - 电子商务文案开头的写作技巧
    - 电子商务文案正文架构的设计技巧
    - 电子商务文案结尾的写作技巧
  - 销售文案的写作
    - 销售文案的概念
    - 销售文案的写作思路及写作技巧
    - 各类销售文案的写作
  - 品牌文案的写作
    - 品牌文案的概念
    - 品牌文案的特征
    - 品牌文案的类型
    - 品牌文案的写作技巧

项目引例

“乌龙”事件也可获得满堂彩

2019 年 11 月 13 日，奥迪在的微信朋友圈投放了一则宣传广告，结果由于腾讯广告部门操作失误，广告素材变成了英菲尼迪的品牌标志和宣传语。错播事件立即发酵，迅速在朋友圈引起刷屏热议并成为微博热搜内容。

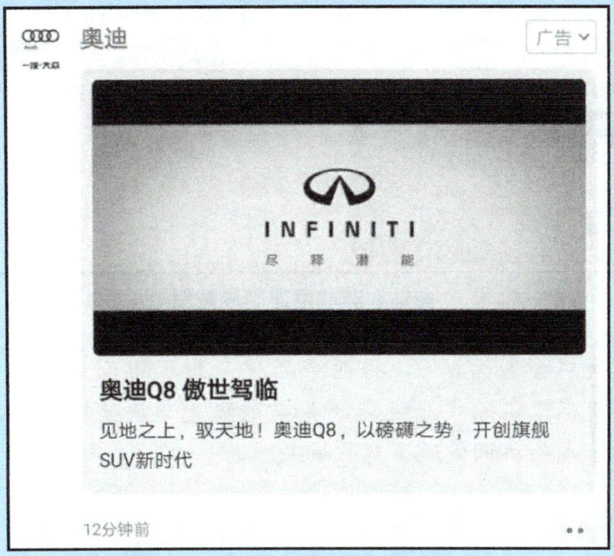

奥迪朋友圈广告视频素材错播截图

乌龙广告事件之后，各大汽车厂商相继发文，主动开展借势营销，使得这次事件曝光率水涨船高。网友们纷纷评论，虽然是“大型翻车现场”，但这比正儿八经的广告效果强多了！

各汽车厂商发文及网友评论截图

事后腾讯广告官方微博发出了盖有公章的道歉函，但真正让这个错播事件变成佳话的，还是奥迪和英菲尼迪。两家公司都很淡定，不予指责，相互勉励，并且在微博上互动，完美打破了乌龙事件的尴尬，获得了皆大欢喜的结局。

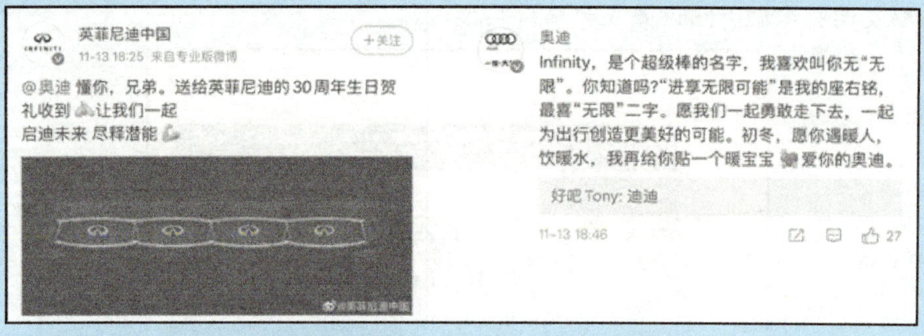

奥迪和英菲尼迪回应截图

奥迪与英菲尼迪广告乌龙事件，将两个品牌带到了舆论风口，无论是奥迪还是英菲尼迪，都能从中获得比实际广告效应还要高的曝光率，使得两个品牌都提高了品牌认知度，并且通过后期的协调促进了双方的关系。

案例分析：

案例中的乌龙事件，对网友来说是一个“瓜”；对品牌方来说是一次公关；对友商及其他品牌来说是一次借势营销的机会。好的文案能够扭转局势，提升品牌好感度，体现品牌灵活度，也是品牌智慧的体现。

任务一 电子商务文案标题的拟定

情景导入

小晴最近很烦恼，主管让她为最近所接的“创意台灯”项目写一篇推广文案，她拟了几个标题都觉得不满意，前辈的建议也是各有各的说法。她想上网找找灵感，搜索半天发现有的标题文不对题，有的夸大事实，也有的标题一下子就吸引了她的注意力。她陷入思考：“能够吸引人的标题有什么特点呢？我是否能够写出让人眼前一亮的标题呢？”

任务目标

1. 了解电子商务文案标题的作用。
2. 掌握电子商务文案标题的拟定技巧。

知识储备

如今，网络上充斥着各种信息资讯，如何让自己的文案在纷繁复杂的信息中脱颖而出？一个好的文案标题必不可少。标题拟写时应抓住阅读者的关注点、兴趣点，借助数字、热点事件、修辞手法，利用阅读者的好奇心理，这样才能写出有效、有益的文案标题。

一、电子商务文案标题的作用

一个好的标题，能够为文案定下基调，渲染情感，挑起读者的阅读欲望。毫不夸张地说，一个好的标题就是一篇文案成功的开始。

文案专家罗伯特·布莱提出，一个文案的标题有以下四大功能：吸引注意、筛选目标受众、传达完整的信息和引导读者阅读文案内文，如图 5-1 所示。

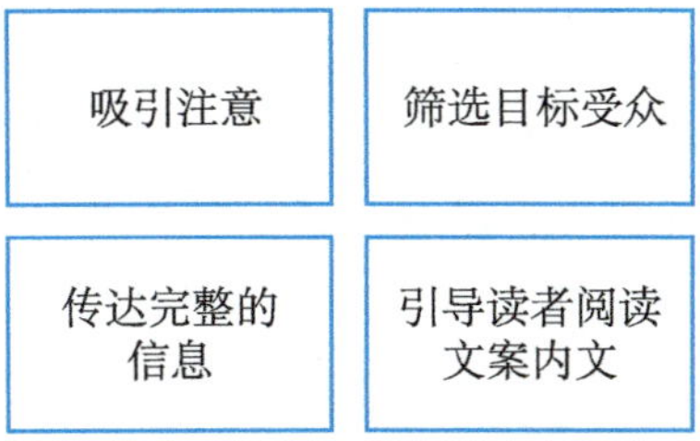

图 5-1 文案标题的四大功能

1. 文案标题能够吸引读者注意

读者对与自己相关的信息或生活中的常识、热点事件都有较强的好奇心。标题采用反问、疑问或设问的方式强化信息，能迅速抓住读者眼球，如“天天逼着孩子学乐器，那你自己呢?”“一只包差价一万？只要买来我喜欢”。标题拟写时也要注意避免模糊、避免成为“标题党”。

2. 文案标题能够筛选目标受众

即标题能呈现明显的指向，为商品界定消费人群。标题拟定时可以通过与“我”相关的方式提高读者的代入感。如与读者生活相关的“你不胖，只是水肿了！这个食疗方让你向脸肿说拜拜!”“第一批‘90后’30岁了，该有多少存款?”；与读者的利益相关的“上妆超惊艳的4款美妆蛋，居然不到10块钱?”；与读者情感相关的“每当丧气就去看海，今年看了77次”，等等。

3. 文案标题能够传达完整信息

奥格威建议，标题内不妨同时包含商品好处的承诺及品牌名称，可帮助阅读者筛选文案，节约时间。如“云南高原红皮土豆，0污染0农药，好吃不贵，营养翻倍”。

4. 文案标题能够引导读者阅读文案内文

只要充分发挥标题的前三点功能，就能激发读者的兴趣，从而吸引其点击阅读。如“挤爆后台的免费正版牛津树课程来了！28天课程0元限时领!”，标题明确文章内容为“免费课程”及为消费者所带来的利益“28天0元”，对牛津树课程感兴趣的消费者就会点击阅读。

【敲黑板】

标题写作能力的培养有三步：第一步，搜集和记录优秀标题；第二步，有针对性地进行模仿练习；第三步，形成自己的风格。

小知识

“标题党”

“标题党”是指在网络论坛或媒体上制作引人注目的标题来吸引受众注意力，以达到提高点击量或知名度等各种目的的网站编辑、记者、管理者和网民的总称，也可指那些耸人听闻、题文不符的标题本身。其主要特征是发帖的标题严重夸张、曲解、煽情，帖子内容通常与标题完全无关或联系不大。

“标题党”一般具备以下特点：

(1) 罗列夸张、刺激的词语，如标题“太残忍了！美丽姑娘被火柴烧死的惊天血案”。

(2) 曲解原意、夸张事实。如“再见了！负债4 205亿后，一代首富跌落神坛让人警醒”。

(3) 采用“或”“疑”进行猜测、编造。通过炒作热点事件，提出疑问，让读者随意进行猜测，以达到提高点击率的目的。如“××和×××清空动态，×××言语激烈状态不对，难道被骗婚了?”。

“标题党”的危害：

(1) 浪费读者的注意力和时间，欺骗读者的感情。

（2）破坏媒体自身的公信力与社会责任。

（3）激发社会矛盾，破坏社会秩序。

拟写文案标题需要借助一定的技巧吸引阅读者兴趣，但不能为吸引眼球而毫无底线，沦为“标题党”。

二、电子商务文案标题的拟定技巧

常见的电子商务文案标题拟定技巧如图 5-2 所示。

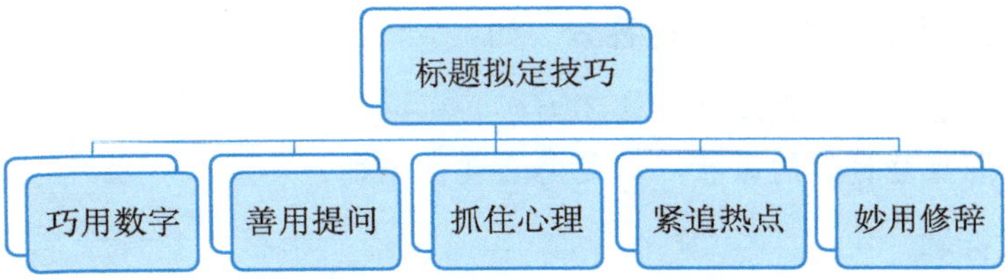

图 5-2　电子商务文案标题拟定技巧

1. 巧用数字

巧用数字，即在拟定的标题中加入具象化的数据，将正文的重要数据或正文的思路整合到标题中，利用数字的辨识度、权威性、文化感，给读者更直观、更量化的感受。具体的技巧如下：

（1）两组数据对比，制造反差。

借助两组描述对象的反差较大的数据，以正反、好坏的对比营造冲击力、震撼力，或以低投入、高产出的两组数据满足读者的得益心理，引起读者关注与共鸣。如：

- 乡村发现 3 吨“巨型藤蔓”，被国内富豪 500 万天价买走！
- 这是啥神仙工作？0 基础转行，年薪可到 30 万元，大公司还抢着挖人！

（2）多组数据递进，强调重点。

采用多组数据，按照大小、轻重、本末、先后等一定的次序，对三种以上的事物或事情发展顺序依次层层推进，以达到某种效果或目的。前者或为铺垫，或为对比，重点强调后者。如：

- 10 个减肥动作，每天坚持 10 分钟，1 个月瘦 20 斤！

（3）精确数据，强调权威。

用直接调查得来的第一手资料，或来源真实的权威数据，强调信息的真实性、可靠性，突出专业的手段及严谨的态度，从而获得读者的认可。如：

- 追踪了 783 家创业公司 5 个月，分析了 64.7 万条数据，我们发现了 10 个有趣的现象

（4）特定数字，强调文化感。

采用特定的数字如“72 变”“36 计”“三七二十一”“九九八十一难”等，可以加强语义，突出程度及效果，展示数字文化魅力。如：

- 夏天想要美，也就需要经历九九八十一道磨难吧

2. 善用提问

标题中采用提问的方式，重点在于调动读者的好奇心，可以通过疑问、反问、设问等方式激起读者的求知欲，读者疑问越大，寻找答案的欲望越强，标题效果就越好。常见的提问类标题写作技巧如下：

（1）疑问式标题。

疑问式标题，在语句中传递疑问语气，标题提出问题，需要进行回答。可以是只回答“是”或“否”的是非问句，在句尾采用“吗、吧、啊”；也可以是选择疑问句式，在标题中提出两种或两种以上的情况，让读者从中进行选择；还可以是就某一问题或事件的处理方法提出疑问，吸引读者在内文获得答案。如：

- 牙齿发黄，仅仅是刷牙方法不对吗？
- 小红书点赞过万的眼妆，都是怎么化出来的？

（2）设问式标题。

设问式标题，为强调某部分内容，明知故问，自问自答，答案往往出现在问题之后。通过一问一答或几问一答的方式，强调问题的答案并引起读者的思考。如：

- 你的孩子一到冬天就咳不停？试试这 5 种食疗，缓解咳嗽痛苦

（3）反问式标题。

反问式标题即用疑问语气表达与字面相反的意思，往往问题的答案明确地表示肯定或否定的内容。反问句式主要是加强语气，用确定的语气表明作者自己的思想，引发读者共鸣。如：

- 孩子一哭，难道就只能妥协吗？

（4）“如何”体标题。

“如何”体标题，顾名思义，在标题中使用“如何”两字，可以是只问不答，也可以是自问自答，重点在于强调即将推出的解决方法，以此让读者受益。如：

- 如何让孩子好好刷牙？这位妈妈的做法我要吹上天！

3. 抓住心理

抓住受众心理的标题拟定方法，是借助人的某些心理引起受众的共鸣，如猎奇心理、怀旧心理、“窥探”心理、恐惧心理等，从而引起受众的阅读兴趣。常见的技巧如下：

（1）利用受众猎奇心理。

猎奇心理是受众要求了解或获得有关新奇事物或新奇现象的心理状态，该标题拟定技巧的重点在于选择适当的、受众未知或与寻常认知不相符的人或事物为“噱头”，吸引大众的注意，并引发讨论。如：

- 我用棉花糖上粉底，结果……
- 有些人，一到春天就想把鼻子“砍”了

（2）唤起受众怀旧心理。

怀旧就是缅怀过去，怀念往事或故人。这种标题的写作技巧在于挖掘旧物、故人和逝去的岁月的情感内涵，唤起受众对旧物旧事的怀念情绪，从而引起特定受众的共鸣。如：

- 头号玩家，不只是电影

（3）满足受众“窥探”心理。

这里的“窥探”心理并不是指违反法律和道德的偷窥行为，而是普通群众对公众人物神秘感的好奇及猜想，利用这种心理引发其探究的兴趣。如：

- 为什么女演员都在戴这个土味头饰？
- 诺贝尔奖获得者都看些什么书？

（4）激发受众恐惧心理。

恐惧心理是指对某些事物或特殊情境产生的比较强烈的害怕情绪。激发受众恐惧心理即利用受众害怕犯错受损，希望通过某物或某事降低损失的心理，引导受众通过文案获取相关知识。此类标题中常出现“误区、雷区、致病、后悔、可怕”等字眼。如：

- 勤洗脸也会烂脸？这些护肤雷区你千万别踩……

（5）抓住受众稀缺心理。

抓住受众稀缺心理即利用受众对获得某物的焦虑情绪，引发其强烈的购买意愿，一般包括时间稀缺与数量稀缺。此类标题中常出现“最后一天、最低价、仅剩、仅有”等字眼。如：

- 一年只卖20天！岭南贡品级蜂蜜荔枝，平均19度蜜甜，全网都在疯抢

4. 紧追热点

紧追热点，即以名人或热点事件、新闻为“噱头”，采用类比、翻新或联想的方式，引导读者对文案的关注，提高文案的点击率和转载率。常见的技巧如下：

（1）借流行势头。

借流行势头即利用一个时期内，某一群体模仿、追逐某一创新事物或形式并广泛传播的社会现象，一般是指较为普及且持续时间相对较长的流行事件，如“二胎”“网购”“直播”等。如：

- “小朱配琦”带的货没抢到？来这里给你配齐

（2）借热点势头。

热点指的是比较受广大群众关注或者欢迎的新闻或信息，或指某时期引人注目的事件或事物，一般表现为短期内的个别现象，如热播影视剧、节目、新闻事件等。如：

- 综艺节目中这些漂亮女孩脸上的秘密，被我扒出来了……

（3）借名人势头。

名人是社会公众比较熟悉和喜欢关注的群体，借助名人效应来吸引公众的眼球，可增加文章的点击率和阅读量。标题写作时可以根据授权的范围进行名人与产品的关联。如：

- ×××推荐的一款眼霜，好用到不行

（4）借牛人势头。

牛人指某领域的专业人士或具有某特长的人。借助牛人的势头即借助牛人在特定领域的能力及权威性，引导特定受众的关注及兴趣。如：

● ×××直男风带货哈弗 F7，你上头了吗？

5. 妙用修辞

在标题中采用比喻、拟人、排比、夸张、仿写等修辞手法，或借助诗词、成语典故、谚语、歇后语等来创作文案标题，可以提升文案的文化涵养，引起读者的相关联想。常用的技巧如下：

（1）比喻式标题。

采用比喻式标题即抓住不同事物的相似之处，用浅显、具体、生动的事物来代替抽象、难理解的事物，达到借甲事物来描写或说明乙事物的目的。标题中常见“如、像、似、类”等字眼。如：

● 薄如蝉翼的金华火腿，每一口都是时间的味道

（2）拟人式标题。

拟人式标题，就是把标题中的事物人格化，将事物描写成和人一样具有动作、语言和感情的样子。此类标题需抓住物与人的共通点，在情感上引起人对物的代入感。如：

● 1.5 斤新鲜甘蔗浓缩成一颗糖：它懂你不能说的

（3）夸张式标题。

夸张，是为了达到某种表达效果的需要，对事物的形象、特征、作用、程度等方面着意夸大或缩小的修辞方式。夸张式标题即利用夸张的手法启发读者的想象力并加强文字的力量，但夸张不等于虚假、捏造。如：

● 吃掉一只优秀的小龙虾，就抓住了南京的夏天

（4）化用式标题。

“化用”，也称作“借用”“套用”，即将他人作品中的句、段或作品拆解开来，根据表达的需要，再重新组合，灵活运用，形成一个有机的整体。化用式标题，可化用古典诗词、名人名言、歇后语及网络用语等。如：

● 假如生活欺骗了你，不要悲伤，不要心急，你只是需要一盒乐高

小知识

是什么让文案的标题越来越长？

新榜通过对 2 000 余篇阅读量 10 万十爆文的分析发现，微信爆款文章的标题字数呈现增长趋势：2015 年，平均标题长度为 18.02 个字；2016 年，平均标题长度为 19.29 个字；2017 年，平均标题长度为 21.66 个字。其中，最长的标题达到了惊人的 61 个字，还差 3 个字就到微信规定的上限了。是什么原因让文案的标题越来越长呢？

新媒体专家刘晨认为，标题越写越长是一种信息前置现象，根本原因是信息爆炸导致注意力资源越发稀缺，“与其把信息都折叠进内文里被动等待用户打开，不如直接把信息展示在标题上让人一看便知”。复旦大学新闻学院执行院长张涛甫也表示：网络标题的增长，是技术带来的变革，由于标题中堆砌的关键词越多，被搜索识别到的概率就越高，被搜

索引擎抓取的位置就更靠前，所以，具有一长串关键词的长标题“应运而生”。

任务实施

一、分析电子商务文案标题

（1）小晴在着手撰写“创意台灯”文案之前，准备先登录新榜排行榜，查找获得 10 万+阅读量的原创文章标题，了解这些标题的拟写技巧，请你帮她把榜上的标题记录下来。

1）______

2）______

3）______

4）______

5）______

6）______

（2）从以上标题中选出一个你认为最能引起你阅读兴趣的标题，分析该标题采用了哪些拟定技巧，有什么作用。

______

______

（3）任选以上某一标题，猜一猜其正文内容是什么。点击原文，分析标题与原文是否相关，标题是否具有吸引读者注意力、引领全文的作用。

______

______

二、拟定电子商务文案标题

在进行文案标题拟定时需根据产品的卖点、销售对象及目的的不同采用不同的技巧。小晴在撰写“创意台灯”文案标题时，可以从哪些角度进行标题写作呢？请你利用所学标题拟定技巧，完成表 5-1。

表 5-1 “创意台灯”文案标题拟定技巧

写作角度	标题拟定技巧	标题
产品质量高	巧用数字 抓住心理	不合格率超 90%，家里有这样的台灯赶紧扔！
产品紧跟流行趋势	紧追热点	乘风破浪的台灯，姐姐们人手一个，又美又飒，你还等什么

三、优化电子商务文案标题

小晴初步拟定了几个标题，现为突出创意台灯的独特性及“双 11”促销活动，请选择最合适的标题进行优化，并将最终标题填写于下方。

______

______

四、总结电子商务文案标题拟定技巧

（1）标题拟定时可采用一定的技巧，但文无定式思有式，勇于开拓思维才能取得更大的进步。请你参考网络资源，归纳更多的文案标题拟定技巧。

1）善用标签。举例：20 岁的你该如何驾驭正红色口红？

____

2）______________________________

3）______________________________

4）______________________________

5）______________________________

（2）归纳不同目的的文案标题拟定技巧。

文案标题有四大功能：吸引注意、筛选目标受众、传达完整的信息和引导读者阅读文案内文。请利用标题拟定技巧，实现文案标题的功能，完成表 5-2。

表 5-2　不同目的的文案标题拟定技巧

文案标题作用	文案标题拟定技巧	举例
吸引注意	巧用数字	5 斤仅 21.8 元，陕西 200 万斤水蜜桃急盼销路！
筛选目标受众		
传达信息		
引导阅读		

任务二　电子商务文案内容的布局

情景导入

小晴根据“创意台灯”项目的要求，完成了标题的拟定，接下来她开始着手正文内容的编写。公司前辈告诉她，正文需要好的开头留住读者并点明主旨，需要有清晰的思路与结构，并注重结尾的升华与引导作用。小晴的脑海中闪过以往阅读过的优秀文案，快速思考是否有值得借鉴的地方。她的“创意台灯”文案内容可以怎么写呢？下面我们就跟着小晴一起来学习吧！

任务目标

1. 掌握电子商务文案开头的写作技巧。
2. 能够分析电子商务文案正文的架构，并掌握正文架构设计技巧。

3. 掌握电子商务文案结尾的写作技巧。

知识储备

电子商务文案的内容布局不仅是指文案的排版布局、字号行距，也包括一篇文案如何开头、如何结尾，以及如何进行正文段落内在联系的设计。一篇好的文案应该做到：开头吸引人、中间说服人、结尾影响人，条理层层深入，让人意犹未尽。

一、电子商务文案开头的写作技巧

电子商务文案的开头具有承上启下的作用，一方面，开头需要与标题呼应以防“文不对题”；另一方面，开头也要起到提纲挈领的作用，让读者对下文有所期待，引发读者阅读的好奇心。常见的电子商务文案开头写作技巧如图 5－3 所示。

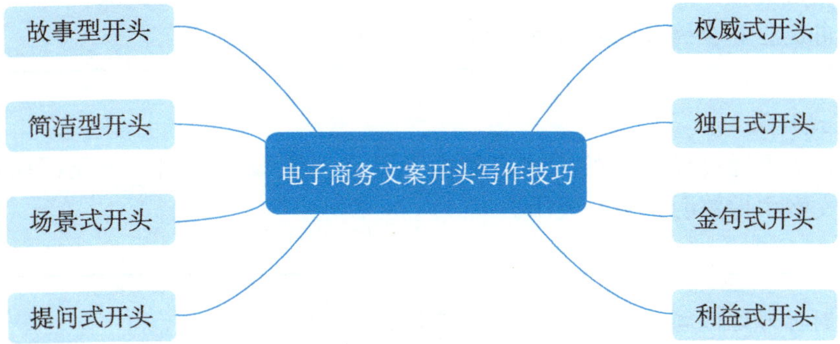

图 5－3　电子商务文案开头写作技巧

1. 故事型开头

故事型开头是最能引起读者代入感的一种方式，好的故事能够让阅读者进入作者的写作情景，与作者共情。写好一个故事的开头可以采用真诚的感情共鸣、反常识、反套路勾起读者的好奇心，也可以设置悬念、采用荒诞离奇式开头打破常规，让读者充满期待地阅读下去。

赏文案

标题：抱歉，我喜欢把野心写在脸上的女孩

开头：她是曾经的“纽约留学女”，第一代以吐槽走红的视频博主。

我见证了她的 2015—2020 年。

从美女创业者到高调分家，去年踩着抖音的红利带货 2 亿元。

5 年时间，足够一个小女孩成长为年轻一代的企业家吗？

2. 简洁型开头

简洁型开头采用直截了当的方式阐明主题，干脆利落，甚至可以一句带过。

赏文案

标题：看，那些老年人又在研究我们了

开头：在理解年轻人这件事上，老年人可有什么优势？

不再年轻的人，比年轻人更懂得年轻人的价值。

3. 场景式开头

场景式开头即在文案开头展示读者生活中常见的环境及情感，能够第一时间唤起读者的共鸣。如与读者生活相关的升职、升学、健康、养老等场景及由此产生的迷茫、心酸、期待等情绪。

赏文案

标题：被疯抢的电动牙刷，是人类之光还是网红骗局

开头：美食的诱惑，人类总是难以抵挡。

麻辣小龙虾、酸汤肥牛、酸辣土豆丝、水煮牛肉，加上各类甜品和奶茶，满足了我们七荤八素的口腹之欲。

能够享用这些美食的人，却从不包括牙口不好的。

4. 提问式开头

提问式开头可通过提问题的方式自然而然地导入文案的主题，不仅能引起受众的思考，还显得文案主旨鲜明、中心突出。

赏文案

标题：别再为这 5 类“护肤品”交“智商税”了！

开头：护肤是个充满活力的行业，每隔一段时间就会有新的概念、新的产品出现，但它们真的“新”吗？

5. 权威式开头

权威式开头是指借用权威机构或某个行业内具有发言权的个体的调查数据、分析报告、趋势研究等权威资料作为媒介来表达自己的观点、推广某款产品，以此作为开头可将读者对权威资料的信任转嫁到产品身上。

赏文案

标题：大堡礁正在消失

开头：最近，澳大利亚的世界级遗产大堡礁处在前所未有的危机中——这里的珊瑚礁出现了有记录以来最广泛的珊瑚白化现象。

澳大利亚詹姆斯·库克大学（James Cook University）的珊瑚礁研究团队在 2 月、3 月从空中对大堡礁区域的 1 000 多个珊瑚礁进行了观察，结果发现了大面积的珊瑚白化现象，特别是此前未出现白化的大堡礁南部也首次出现了珊瑚大规模白化现象。

6. 独白式开头

独白式开头通过作者的内心活动，采用一人独白或者二人互相补充情节的方式，叙述完整的故事情节，从而营造出舒缓亲切的氛围。

赏文案

某连锁便利店的广告文案

开头：

年轻人：清晨四点，整个城市好像只有在那个角落，让人觉得明亮且温暖。

店员：我记得那天冷冷的，还在下雨。他站在那里喝咖啡，心情好像很坏。

年轻人：只不过喝他的一杯咖啡而已，他就像个老朋友一样陪我聊了很久。

店员：我只不过问问他是不是工作不顺心，他就像好久没有跟人说过话似的，一说就说个不停。

年轻人：我好像第一次跟一个陌生人讲那么多话！也就在这个角落里，我第一次感觉到许多人竟然那么单纯、那么认真地活着。

店员：嗨，刮刮胡子吧！常来哦，别忘了这个方便邻近的好邻居哟！

年轻人：那个早晨，我觉得自己的脸那么清新，那个角落真的特别明亮、特别温暖。

文案亮点：两人各自的独白可组成完整的故事情节，充分展现了该店人性化服务的良好企业形象。

7. 金句式开头

金句式开头即在开头设计一则短小精炼、扣题又寓意深刻的句子，或者引用俗语、名人名言、诗词等句子，引领文章的内容，吸引读者，并使文案富有文采。

赏文案

标题：火爆美妆圈的洁牙粉，3 天牙齿白 2 度

开头：俗话说，“齿白三分俏，貌美齿为先”，要想颜值不掉价，牙齿白净很关键。

然而现在年轻人整天咖啡、可乐不离手，还会抽烟、喝红酒，一口好牙全被染黄了。

8. 利益式开头

利益式开头即在开头直接展示产品或文案的利益点，读者由于关注自身利益，从而选择继续查看文案展示的相关信息。

赏文案

标题：官网特惠，全场无门槛 8.5 折！

开头：

官网现有新年超级优惠，详情如下：

——全场任意订单可享受额外 8.5 折

——订单满 500 元，即可享受全部 8 折+3 个小样

二、电子商务文案正文架构的设计技巧

电子商务文案的正文内容不追求华丽的文采辞藻，追求的是文章的思路清晰、条理分

明，注重的是作者观点的阐述方式。正文内容可以通过文字、图片、视频、语音或综合混搭等方式表现出来。常见的电子商务文案正文架构设计技巧有以下几种，如图 5－4 所示。

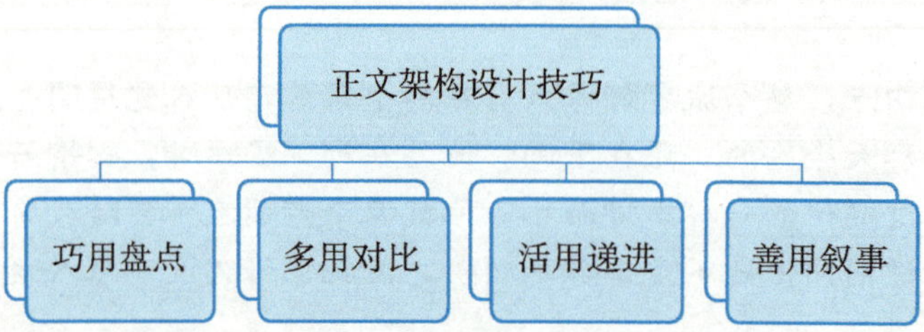

图 5－4 电子商务文案正文架构设计技巧

1. 巧用盘点

采用盘点的方式设计正文架构，主要是由作者拟定小标题（盘点对象）并进行整合，各个小点之间是并列关系，不分先后顺序和主次。各部分并列平行地叙述事件、说明事物，材料之间位置互换也不会影响文案主题的表现。巧用盘点可以同时为读者罗列多种解决方法或建议，适用于同时展示同等重要的情况。其架构如图 5－5 所示。

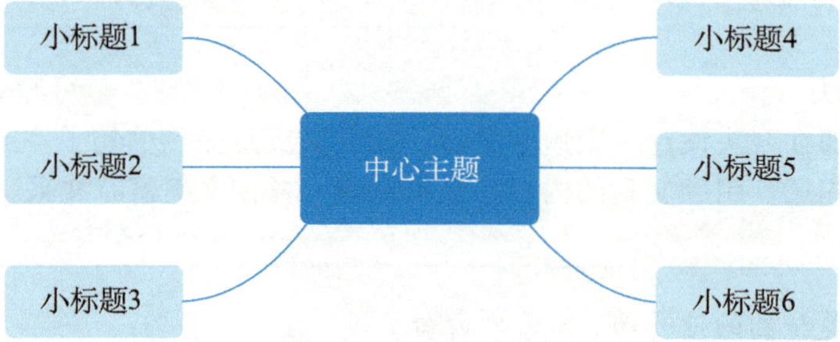

图 5－5 盘点式正文架构

赏文案

标题：盘点 2020 年潜江龙虾节 10 大看点！

正文：

看点一：美食盛宴，让人大饱口福

看点二：文化元素，增加品牌内涵

看点三：科幻色彩，更添龙虾魅力

看点四：网红云集，直播成为主流

看点五：科技助力，吃虾变得简单

看点六：感恩山西，特制爱心龙虾

看点七：虾农卖萌，一袭蓑衣现身

看点八：主打绿色，凸显生态农业

看点九：展区一角，隐藏网售冠军

看点十：云上签约，近年成果最丰

2. 多用对比

采用对比式的正文架构，是在论证中把两种或两种以上观点（或状态）加以对比，或者用另一种观点（或状态）来烘托某一观点（或状态），可先从正面论述，再从反面论述（或顺序相反），可分为纵比和横比。多用对比可以通过反差的方式，加深读者对文章的印象，突出文章强调的主题。其架构如图 5-6 所示。

图 5-6　对比式正文架构

赏文案

标题：3 款“网红”书架使用感受，附对比图！

正文：首先，介绍旋转书架占地小、容量大的优点，但装满书后不够稳固，年龄小的孩子推拉可能存在操作风险。

其次，介绍绘本展示置物架能够通过封面引起孩子的兴趣，但存在容易积灰、拿取不便的问题。

最后，介绍本品牌书架，既能展示部分书籍封面，又能收纳其他书籍，解决前两个书架存在的问题。

全文通过对比的方式，先展示前两款书架使用过程中存在的隐患，为后文推荐本品牌书架的优点做铺垫，达到加深读者印象、引导受众购买的目的。

3. 活用递进

采用递进式正文架构，是在论证的过程中做到层层深入、步步推进，一环扣一环，后一个材料的出现建立在前一个材料的基础上，内容之间的前后逻辑关系、顺序不可随意颠倒。如案情发展的不同阶段、一个人或一家公司的成长经历等。其架构如图 5-7 所示。

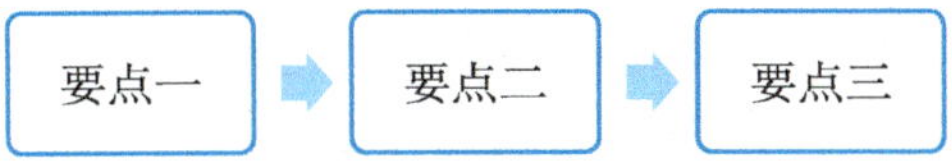

图 5-7　递进式正文架构

盘点式、对比式、递进式这三种方式多采用总分总的结构，即开头第一部分介绍写作的主题或理由，第二部分列出观点，以及佐证观点的证据或者案例，各分论点之间可以是并列关系、对比关系或递进关系，最后第三部分亮出最终的观点或提炼金句，加深读者印象。

4. 善用叙事

采用叙事式的文案架构，即叙述一个或者一连串的事件，以此表达观点、突出主题。可以是按照正常时间的常规线性叙事、多个小故事的多线性叙事或按照反正常时间的倒叙线性叙事。善用叙事可以让受众迅速产生代入感，获得身临其境的感受。

赏文案

标题：人间烟火气，最抚凡人心

正文：支付宝设计了六个不同城市小店店主与顾客使用消费券进行交易的小故事，展示了日常生活中消费者可能遇到的吃面、买菜、喝奶茶等消费场景，让消费者在熟悉的氛围中了解支付宝消费券的使用方法。

支付宝文案部分截图

采用叙事的手法撰写文案正文，安排文章结构，最忌平铺直叙。文章若一味地平铺直叙，没有一点起伏变化，就像流水账，容易使人感到单调、乏味，很难获得读者喜欢。为增强文案的吸引力，可采用欲扬先抑（或欲抑先扬）、设置悬念、波澜起伏、末生波澜等写作技巧。

（1）欲扬先抑（或欲抑先扬）。

对所写的人或事物，或欲扬先抑，或欲抑先扬，让叙事有陡然的翻转，出乎读者意料，可以使文章产生引人入胜的效果。

（2）设置悬念。

设置悬念，通常是在文中设置一个个悬而未决的“疑问”，将这些“疑问”藏在叙述中，让读者带着“疑问”去阅读，以引起读者浓烈的兴趣和急切期盼的心理，并在对情节的叙写中逐步将这些“疑问”解开，让人恍然大悟。

（3）波澜起伏。

波澜起伏，是在叙事时对故事发展中人物的顺境与逆境的错落安排。设置波澜的着眼点是故事人物遇到困难的过程。

(4) 末生波澜。

末生波澜，即在故事的末尾，陡然生出波澜，让故事情节陡然转到一个读者原本没有想到的结局上，故事戛然而止，让人回味无穷。

考考你

找一篇“爆款”文案，说一说它采用的是哪种架构形式，或是哪种基础架构的变形，简要列出该文案的要点。

三、电子商务文案结尾的写作技巧

电子商务文案结尾虽然篇幅不长，但在文案的结构和完整性上，地位却不容小觑，是文章的重要组成部分。一个好的文案结尾，既能够总结升华全文，也能触动读者的情感，给读者留下更深刻的印象。常见的电子商务文案结尾写作技巧有以下几种，如图 5-8 所示。

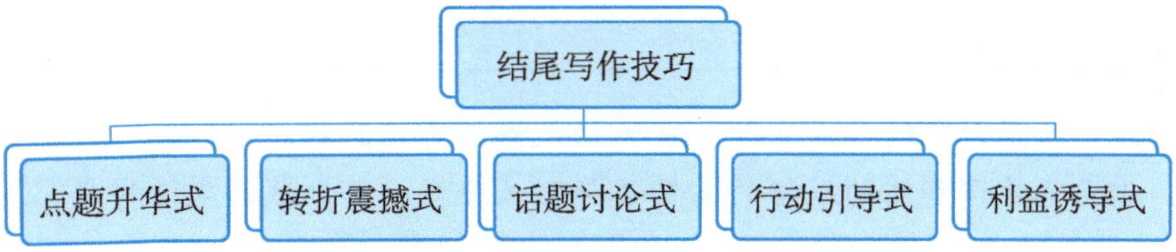

图 5-8　电子商务文案结尾写作技巧

1. 点题升华式

点题升华式结尾即在文末总结全文，点明中心。有的文章在开头和中间只对有关问题进行阐述和分析，叙述过程，最后结尾才将意图摆到明面上，从而升华主题，让读者印象深刻。

赏文案

正文梗概：一个姑娘失恋三十三天的心情日记，及采用百度语音搜索解决日常生活问题的故事。

结尾：我的故事讲完了，希望能对你有所启发。

这失恋之后的三十三天，是百度语音搜索陪我度过的。

和我一样，姑娘啊，很多时候你缺的并不是一个男朋友，而仅仅是一个百度语音搜索。

男朋友会惹你生气，它只会为你疗伤。

男朋友会制造麻烦，它只会解决问题。

男朋友会因为一言不合把你丢在陌生的街头，它只会耐心地陪你找到回家的路。

百度语音搜索这么好，那为什么不马上拥有它，就现在？

2. 转折震撼式

转折是指事物发生了一种突破常理、违背逻辑的变化，这种变化往往让人始料不及，完全没有准备。这种氛围落差会使受众感到震撼，让受众惊叹于作者独特的构思，在心中留下深刻的记忆。

赏文案

正文梗概：男孩和女孩是初、高中同学，因为想着要好好学习考入同一所大学，所以尽管他们非常要好却一直没有明确彼此的关系。最终她考上了，他却名落孙山，彼此再无联系。直到她的婚礼两人才又见面，他交给她一个手机后就转身离开了。

结尾：她打开手机，手机上的软件正在播放节目，她发现，软件中每一条收藏的音频都是他们学生时代反复收听的电台节目，每一首歌都是记忆的引子。

她泪流不止……

这个软件就是音频分享平台喜马拉雅FM。

3. 话题讨论式

话题讨论式结尾是在文案末尾采用话题进行提问或投票，从而引发受众思考，促使受众积极互动、留言，从而提高文案的热度，是文案惯常使用的结尾方法。

赏文案

正文梗概：采用盘点的方式介绍一些简约风格的首饰品牌。

结尾：你还喜欢哪些简约风格的首饰品牌？来分享一下私藏的生活好物。

4. 行动引导式

行动引导式结尾从感情的角度打动读者，让产品有温度、有情绪，做到“以情动人”。当受众感受到文案作者的用心与认真时，就很容易促成购买。

赏文案

正文梗概：介绍某一个产品。

结尾：我们的目的不是赚钱，只是为了让大家用到好东西，看到很多人用了我们的产品，生活变得更好，那我们就开心了。买一组送妈妈，让妈妈感受你的孝心吧！

5. 利益诱导式

利益诱导式结尾即在结尾通过展现利益和好处，对消费者进行诱导，采用饥饿营销的方式，制造稀缺感，将利益最大化，引导受众行动。

赏文案

正文梗概：介绍Kindle的功能和使用方法。

结尾：“黑五”到，大利好！

Kindle黑五狂欢购。

在活动期间购买任意一款设备，即送70元Kindle电子书券。

今天购买，我们再减100元，年前最后一档，只有今天！

任务实施

一、构思电子商务文案的主要内容

以“创意台灯”为例，文案正文可以采用不同的写作技巧，如通过对比突出产品的创意外形，通过使用者的现身说法传递产品使用效果等，请构思文案正文的主要内容及写作方向、风格。

____

____

二、设计电子商务文案开头

某款“创意台灯”的主要优势如下，请结合该产品的相关信息及任务一所确定的标题，进行文案开头的设计，完成表 5-3：

LED 灯泡：体积小、耗电低、寿命长。

灯罩：采用 ABS 安全环保塑料。

开关：声控、触摸。

外形：可随意组装变形。

表 5-3　“创意台灯”文案开头设计

方式	设计技巧	开头
方式一		
方式二		
方式三		

三、设计电子商务文案正文架构

根据上述步骤所确定的正文主要内容及开头，设计正文各组成部分的主要内容，思考文案正文各段之间的内在联系，展示设计思路，完成表 5-4。

表 5-4　“创意台灯”文案正文架构设计

设计思路	
模块一	
模块二	
模块三	
模块四	
模块五	

四、设计电子商务文案结尾

结合上文设计的文案标题及正文框架，设计不同的文案结尾，完成表 5-5。

表 5-5　“创意台灯”文案结尾设计

方式	设计技巧	结尾
方式一		
方式二		
方式三		

五、完善电子商务文案

根据上述步骤所设计的备选内容，选取最优的组合，形成文案的正文内容，完成表 5－6。

表 5－6 “创意台灯”文案设计

目的		
标题		
正文	设计技巧	主要内容设计
开头		
中间内文		
结尾		

任务三 销售文案的写作

情景导入

通过学习，小晴掌握了文案各部分的写作技巧，能够独立撰写一篇完整的文案了。在对“爆款”文案进行分析与模仿的过程中，小晴的写作水平也不断提高。今天一早，主管给她分配了一个任务，让她撰写“创意台灯”的销售文案。这是小晴从未接触的领域，销售文案有哪些表现形式？有哪些写作要点？如何让销售文案为企业带来利润呢？小晴决定好好研究研究。

任务目标

1. 理解销售文案的写作思路。
2. 理解各类销售文案的写作技巧。

知识储备

销售文案的写作目的，是让消费者购买某个产品。文案首先要唤起消费者的购买需求，激发消费者的购买欲望。而需求的本质，是消费者尚未解决的、激烈的“冲突”。所以销售文案的思路是：构建冲突、唤起需求、推荐产品、解决冲突，从帮助消费者解决问题的角度，介绍产品，引导购买。

一、销售文案的概念

销售文案基于用户需求构建说服策略，是能够立刻带来销量的文案。它通过关注消费者，洞察他们的需求，展示产品的亮点与利益点，让消费者相信产品、选定产品，以达到快速、近期销售的目的。

二、销售文案的写作思路及写作技巧

销售文案为达到销售的目的，常在文案中积极唤起消费者的购买欲望，通过制造紧缺感刺激消费者的心理，并铺设购买渠道，帮助消费者最终完成购买行为。销售文案的写作思路一般包含以下四步：唤醒需求、突出卖点、建立信任、引导购买，如图 5－9 所示。

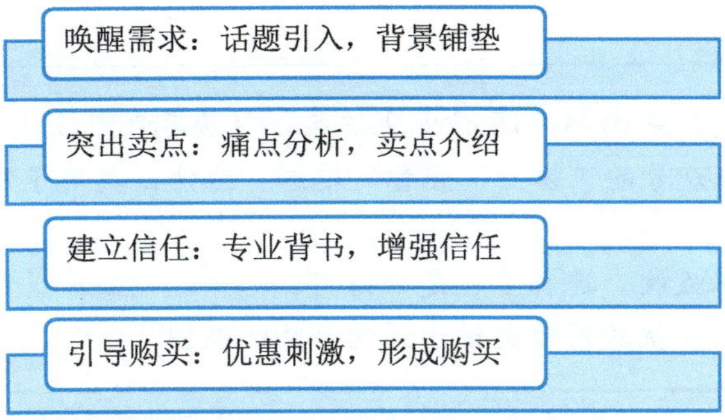

图 5－9　销售文案的写作思路

1. 唤醒需求：话题引入，背景铺垫

在电子商务文案写作过程中，介绍卖点之前需要稍做铺垫，虽然不能直接刺激购买，但可以为产品的介绍渲染气氛，形成文案的基调。具体的技巧如下：

（1）现身说法，拉近距离。

通过描述个人的经历或者个人感受，拉近与读者的距离，可以减少卖货的功利性。

赏文案

标题：毁掉一个孩子最快的方式，就是让他一直学学学

就在前几天，闺蜜陈姐的女儿又拿了全年级第一。

各科成绩都特别好，上了中学后，学习也没太费力。

尤其是数学、物理，她学得很好，次次单科第一，总成绩也相当好。

身为一名中年老母亲，看到别人家的孩子这么好，自然要取经。

想到自己教育孩子的这些年，也是糟心。

培训班没少上，每年拿出至少 5 万元培养孩子，结果成绩是中等。

“是孩子智商不够，还是老师教得不好？”

我每天都想得睡不着觉。

（2）采用类比，引发联想。

在介绍新兴产品时，可以类比读者熟悉的产品（品牌），或与行业里的大牌进行测试

对比，引发读者对新兴产品功能的联想，从而输出产品的优点。

赏文案

标题：这款洗面奶太太太好用了！停产会哭！

之前跟美容院的人聊天，她说她们做那种上千块的补水套餐，就是用的有超强补水力的复活草面膜！

复活草遇水赋活能量，能快速渗透肌底，在皮肤上形成一层保水膜，绝对不会干，不会紧绷。而这支洗面奶，用的正好是复活草！难怪洗脸的同时还能保湿，哈哈！

(3) 巧用对比，唤起需求。

在介绍产品时，可用前后对比的方式，直白展示产品效果，唤起用户期待改变的心理与购买需求。

赏文案

标题：大家都在用的洗面奶，15秒爱上洗脸，黑头毛孔都没了

经常有维C（该公众号的“粉丝”昵称）抱怨：为什么我用了那么多护肤品脸还是没变好？皮肤还是很差？

脸没洗好，皮肤不吸收，抹再多也是白搭啊！

给你们看下国外测评机构用放大镜看到的肌肤纹理图。

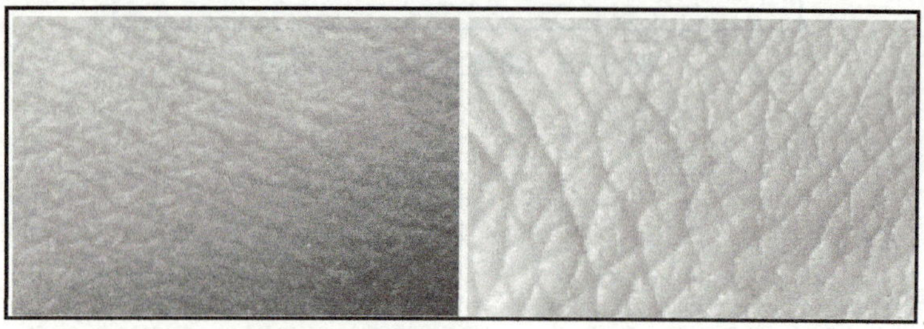

肌肤纹理对比图

左图是清洁不彻底的肌肤，无法吸收营养！右图是健康的肌肤，白皙细腻。

洗脸这件我们每天都在做的事情，看似简单普通，然而你真的做正确了吗？很多人都不懂怎么选择洗面奶，为什么有些人明明看起来很用心地洗脸了，但皮肤仍然不好？

2. 突出卖点：痛点分析，卖点介绍

介绍产品卖点能够帮助用户了解产品的基本情况。常见的介绍项目包括：产品特点、规格、成分、功效等。对于一些需要展示详细使用方法及效果的产品，多使用图片可以获得较好的效果。具体的技巧如下：

(1) 巧用图片，展示效果。

由于文案编辑的表达方式不同，受众对文字的感受能力也不同，因此仅仅依靠文字可能无法使受众理解产品的卖点。而直观的图片展示，可加深受众对卖点的理解，避免受众忽略某些重要卖点。

赏文案

标题：不到 3 元一片的良心面膜太赞了，我要回购 100 次！

面膜纸也是前所未有得薄，敷的时候不仔细看都看不出来！就算隔着面膜解锁手机都没问题！

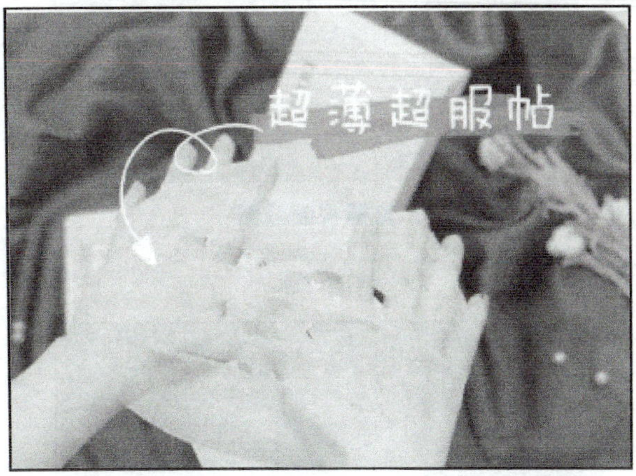

面膜展示图（1）

弹力也很好，立体裁剪很贴合脸型，再大的胖脸都能全部覆盖。

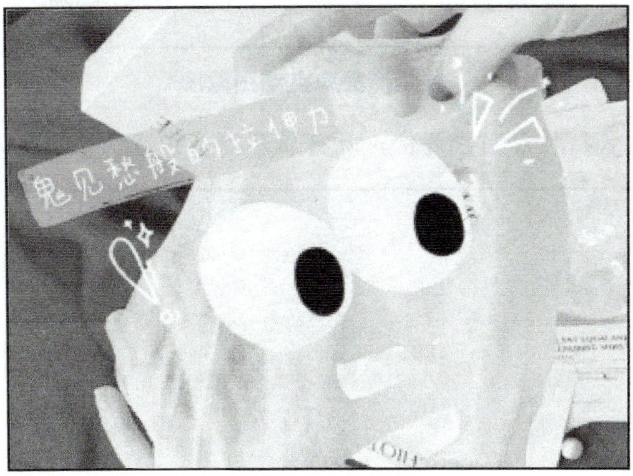

面膜展示图（2）

（2）动图加视频，效果更直观。

静态图片有时无法展示某些卖点，采用动图或者视频可以使效果一目了然，同时也可以避免篇幅过长，让受众有自主选择观看该内容的自由。

赏文案

标题：大家都在用的洗面奶，15 秒爱上洗脸，黑头毛孔都没了

采用直播视频，介绍商品。

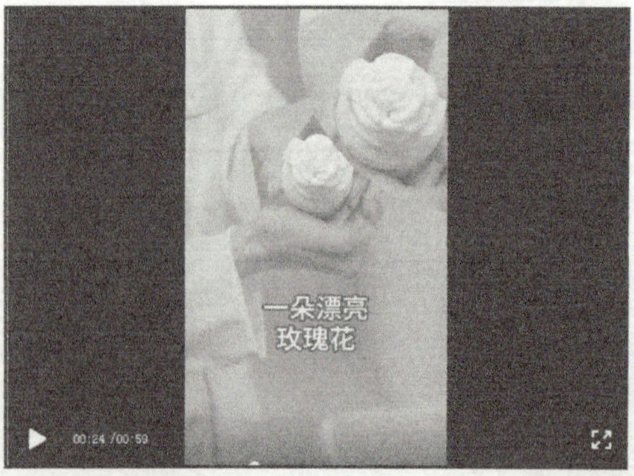

直播视频截图

用按压动图展示产品卖点。

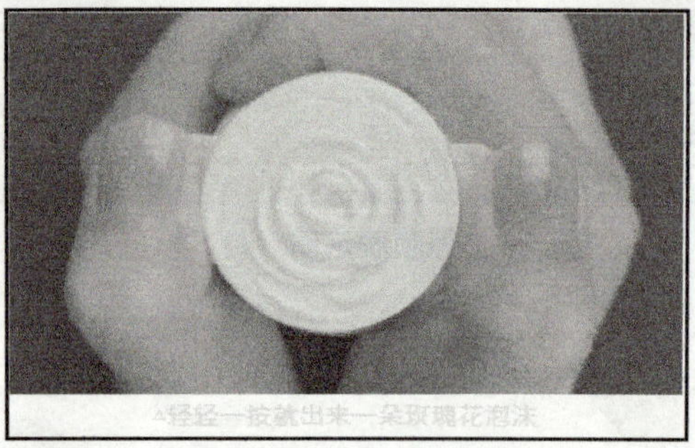

展示产品卖点动图截图

采用上下滑动的方式，展示用户评价，既可展示更多内容，又可少占用页面。

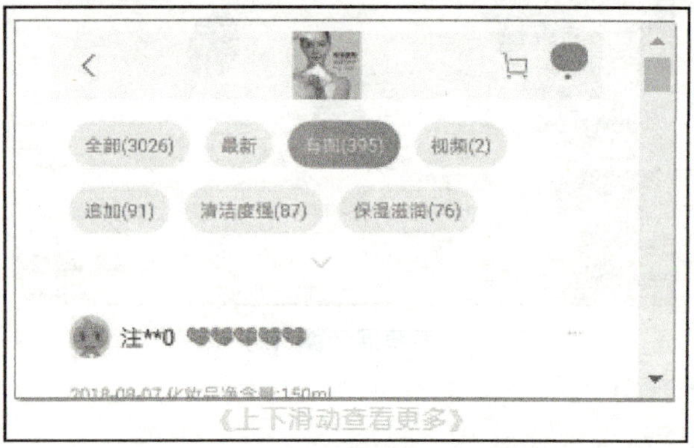

上下滑动展示用户评价截图

（3）真人出境，效果更佳。

在介绍产品时，相比厂商提供的图片，真人出镜更有说服力，能够让读者相信卖点的真实性。

赏文案

标题：女生夏天不注意这点，真的很油腻！

采用各个阶段的“上脸实测”效果，展示产品的使用效果，更直观可信。

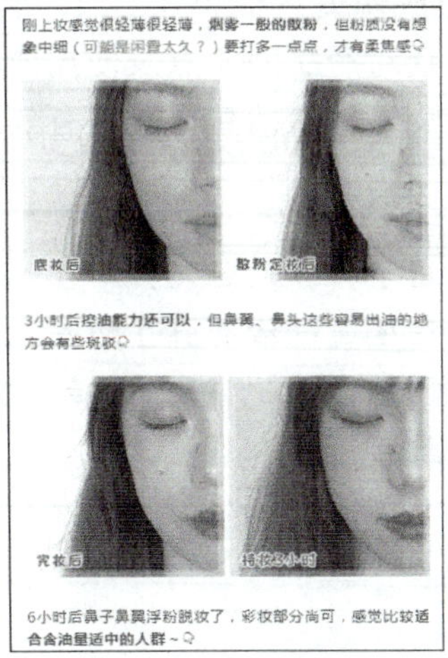

真人展示产品使用效果图

3. 建立信任：专业背书，增强信任

通过为卖点背书，可以让受众信任商品的质量和作用。具体的背书形式包括介绍产品来源、消费者使用情况及评价、生产商的地位、产品获奖情况、权威机构证明及品牌故事等。其中消费者使用情况及评价更能获得消费者的信任。

赏文案

标题：热卖 4 年的大月饼又又又来了，配方升级，直径 15cm，8 层馅料，好吃到忘不了

作者在文案中展示了很多用户对月饼的评价截图。

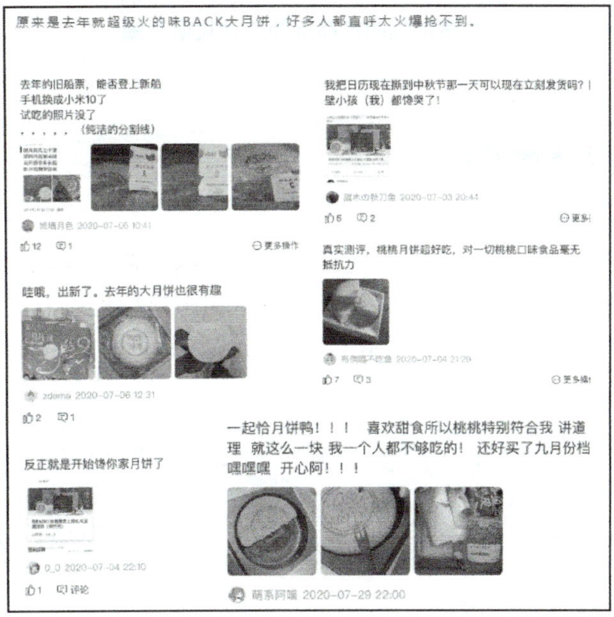

用户评价截图

4. 引导购买：优惠刺激，形成购买

此方法常用于文章结尾，受众对产品的卖点及使用说明已基本接受，此时直接提出产品的利益点，如减价、赠品、抢购等优惠信息，能够有效地刺激消费者的购买欲望。

赏文案

标题：这款洗面奶太太太好用了！停产会哭！

介绍产品的特点后，在文章结尾通过活动引导购买。

“不管是补水保湿力还是修护力，表现都可圈可点，重点是价格也不贵，少喝两杯奶茶就能拥有，姐妹们还等什么，盘它！”

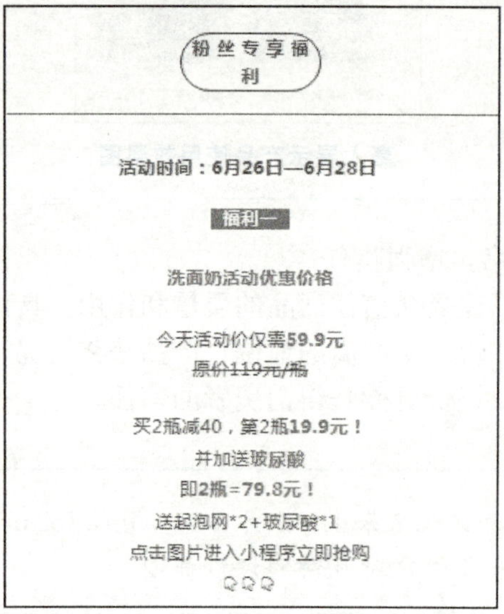

文案结尾的产品促销活动说明截图

三、各类销售文案的写作

1. 详情页文案的写作

商品详情页是展示商品详细信息的途径，用于介绍产品的质量、款式、价格、销量、店铺信誉等信息，也承担着唤起用户购买欲望、增加用户信任度及说服用户购买的任务。让产品所展现的承诺、结果或好处合理化、可信化是详情页文案的目的。

【敲黑板】

电商产品详情页文案撰写法则——FABE 法则，即找出顾客最感兴趣的各种特征（feature），分析这些特征所具有的优势（advantage），找出这些优势能够给客户带来的利益（benefit），最后用各种证据（evidence）证实这些产品能够给客户带来这些好处。

（1）详情页文案的写作技巧。

详情页文案的写作本质是产品销售的过程，通过唤起需求、介绍产品、使消费者信任产品达到促进购买的目的。详情页文案写作可灵活运用以下技巧：

1）单刀直入，突出利益点。

消费者在网络购物时都会在意产品或服务能给自己带来的好处。产品详情页最直接的写作技巧就是告诉消费者产品能解决什么问题，产品的利益点是什么。比如，防晒产品就强调产品的防晒效果，家电产品就强调产品的功能及质量。

2）场景描述，增强画面感。

在撰写详情页文案时，可以列出消费者使用产品的场景，便于消费者在相似场景下联想到产品，或唤起消费者的同理心。

3）善于包装，展示优势。

善于发现产品的亮点，对文案进行适当包装。随着市场竞争越来越激烈，产品的同质化程度越来越高，突出产品的优势才能使其在一众产品中脱颖而出。如品牌由知名人士代言则强调知名人士的号召力；产品来自百年老店则强调产品的传承效果、质量优势。

4）动之以情，引发共鸣。

人既是理性的也是感性的，人类的情感有共通点。详情页文案突出产品与消费者的情感共鸣，容易获得消费者的认可。如让产品与亲情、友情、爱情、爱国之情相关，可以体现产品的人文关怀与积极向上的价值理念。

（2）详情页文案的写作步骤。

详情页文案要提供“证据”证明产品的优势，从产品利益点、使用愿景、参数说明到权威证明、售后服务，一步步展示产品的外在表现及内涵，最终形成一个能说服消费者的“证据链”，一般有四个步骤，如图 5－10 所示。

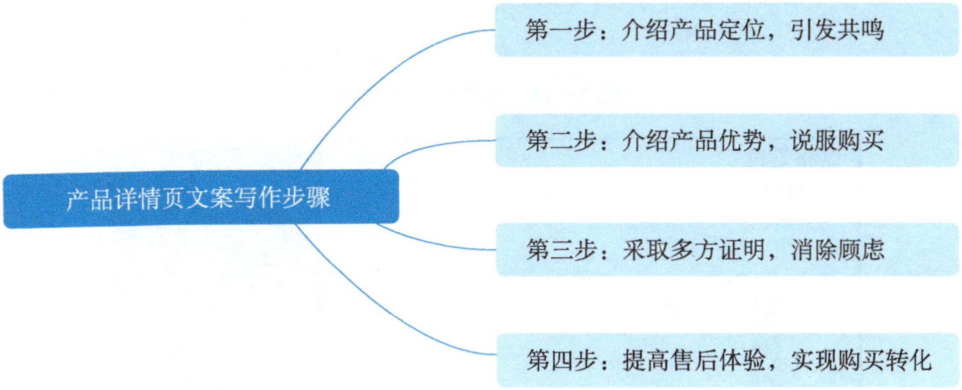

图 5－10　产品详情页文案写作步骤

第一步：介绍产品定位，引发共鸣。

消费者常因为某种需求或不确定性而打开详情页，在第一步抓住消费者的痛点或引起消费者的共鸣，能引导消费者继续进行阅读。在这一步可传递品牌理念、汇总产品卖点或提出疑问引发消费者思考，为下文奠定基调，起到引领的作用。具体方法及案例如图 5－11、图 5－12 所示。

图 5－11　第一步写作方法

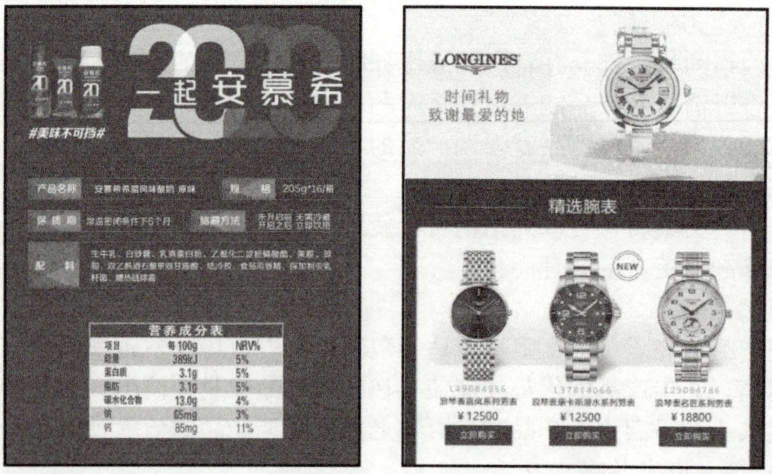

图 5 - 12　产品详情页文案写作第一步案例

第二步：介绍产品优势，说服购买。

通过描述产品的外观、强调产品的优势及能够给消费者带来的利益来打动消费者。根据产品卖点的不同，从不同的侧面进行说明。具体方法及案例如图 5 - 13、图 5 - 14 所示。

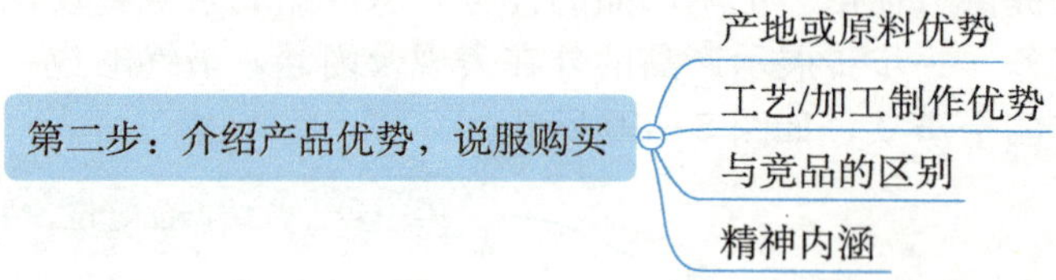

图 5 - 13　第二步写作方法

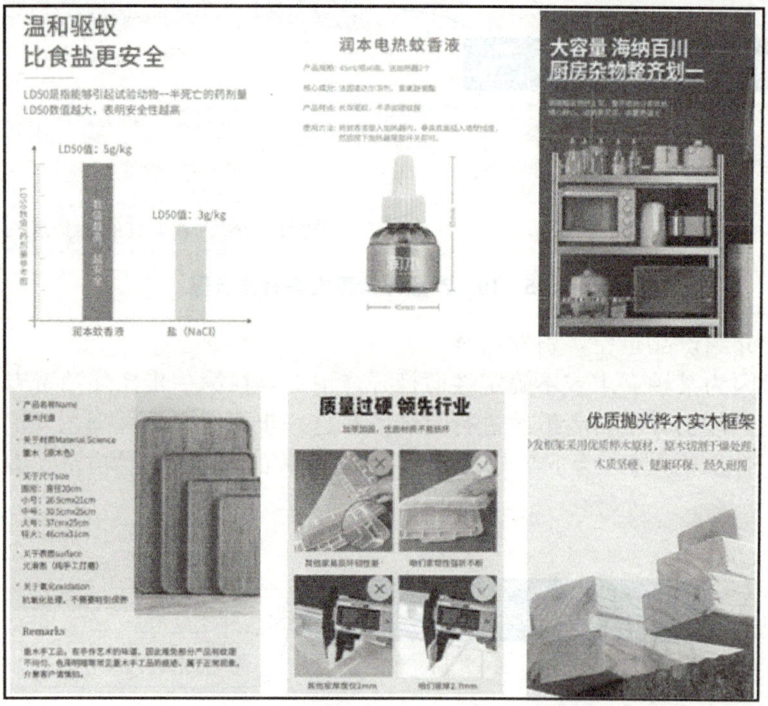

图 5 - 14　产品详情页文案写作第二步案例

第三步：采取多方证明，消除顾虑。

可以通过权威部门或权威人士的证明，增强产品的可信度；可以通过知名人士的引领效应或者普通消费者的使用效果，加深消费者的代入感；也可以通过产品品牌或者上下游合作者的资质侧面证明产品的可信度。具体方法及案例如图 5－15、图 5－16 所示。

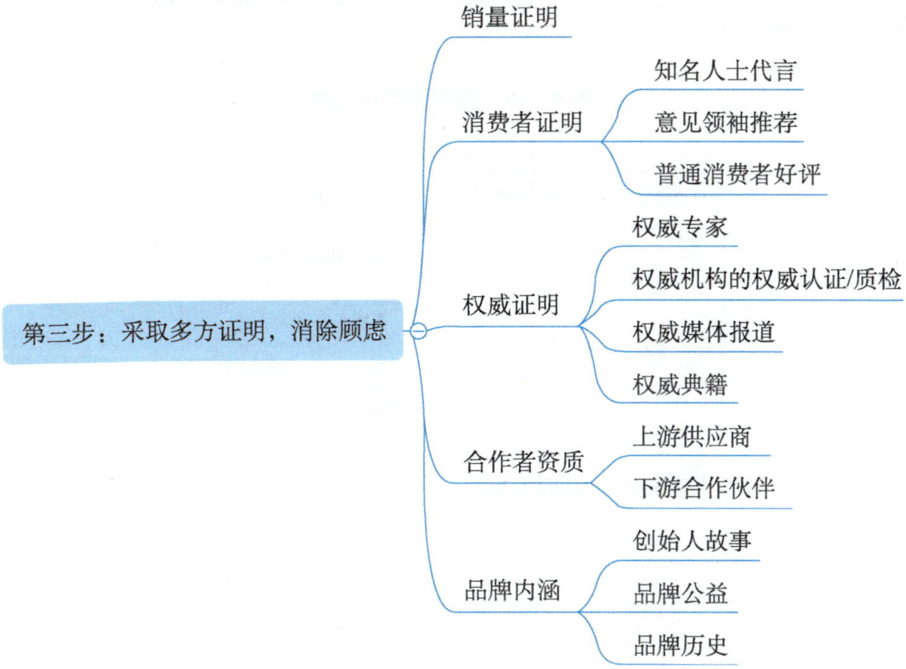

图 5－15　第三步写作方法

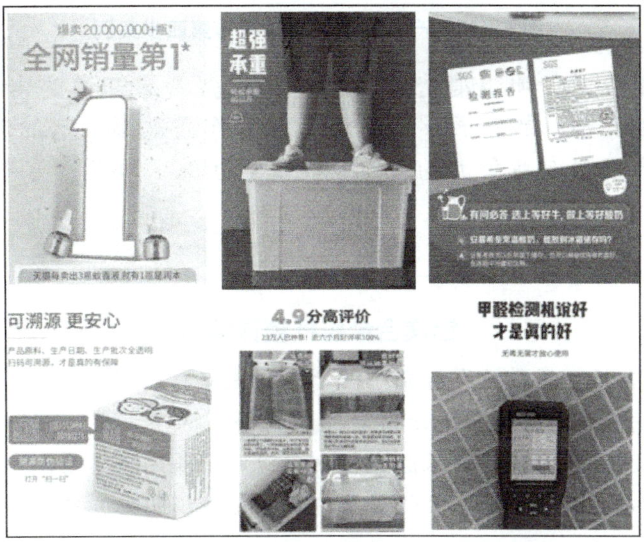

图 5－16　产品详情页文案写作第三步案例

第四步：提高售后体验，实现购买转化。

可利用消费者的从众心理、求廉心理及稀缺效应，促使消费者实现购买转化。具体方法及案例如图 5－17、图 5－18 所示。

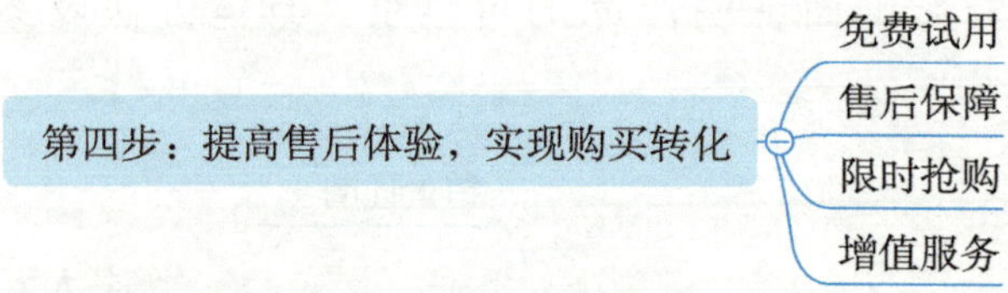

图 5－17　第四步写作方法

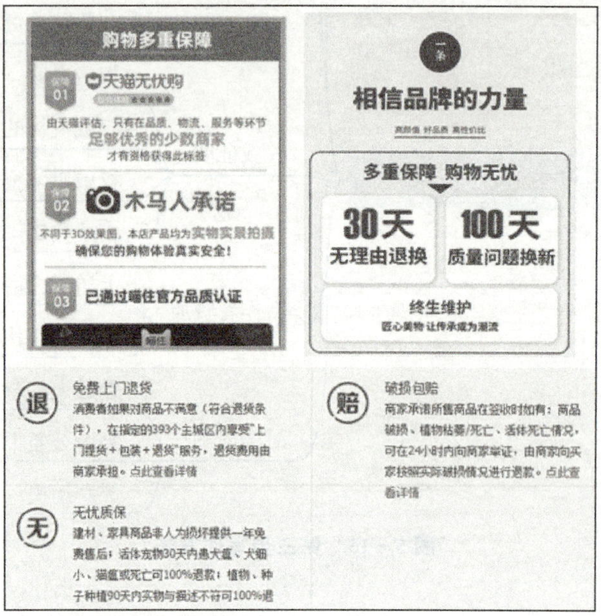

图 5－18　产品详情页文案写作第四步案例

简而言之，详情页必须想消费者所想，将消费者想知道的告诉他（她），将消费者有疑虑的证明给他（她）看。详情页文案写作需遵循一定的流程与逻辑，也可根据实际情况将产品最有竞争力的卖点首先展示出来，如销量、获奖证明、产品特色等。

赏文案

铝镁合金拉杆箱详情页

某品牌铝镁合金拉杆箱详情页首先介绍产品的主要卖点“原创前开门，站着用的登机箱”，突出产品的竞争力，同时右下角附产品所获得的两项大奖，突出权威性。加入时尚人群使用场景，让消费者由模特的状态联想到自身，提高购买意愿。

接着采用总分的方式介绍产品的优势及特点，充分证明站立式前开门的特点所带来的便利感受。

铝镁合金拉杆箱详情页（1）

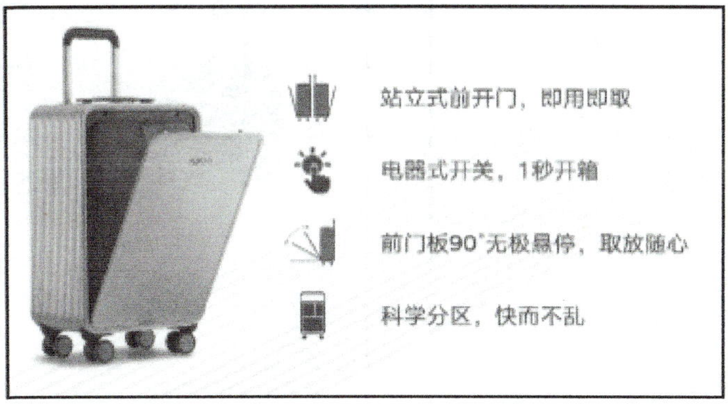

铝镁合金拉杆箱详情页（2）

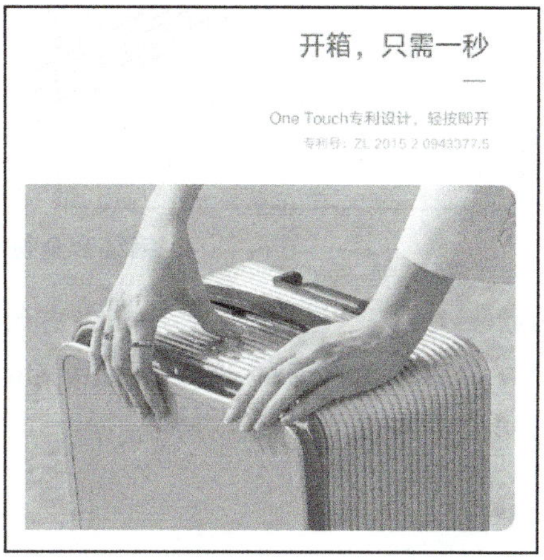

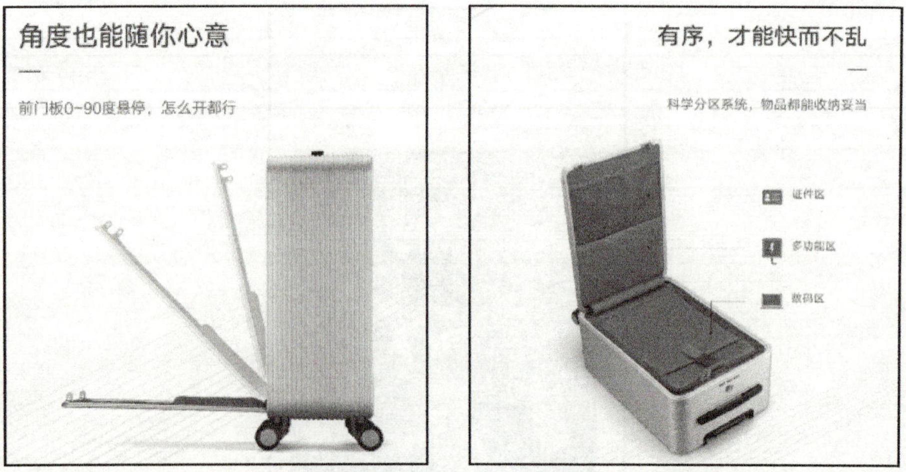

铝镁合金拉杆箱详情页（3）

然后采用盘点的方式介绍产品的基本信息，包括规格、型号、颜色、材质、重量等，给予消费者多种选择。

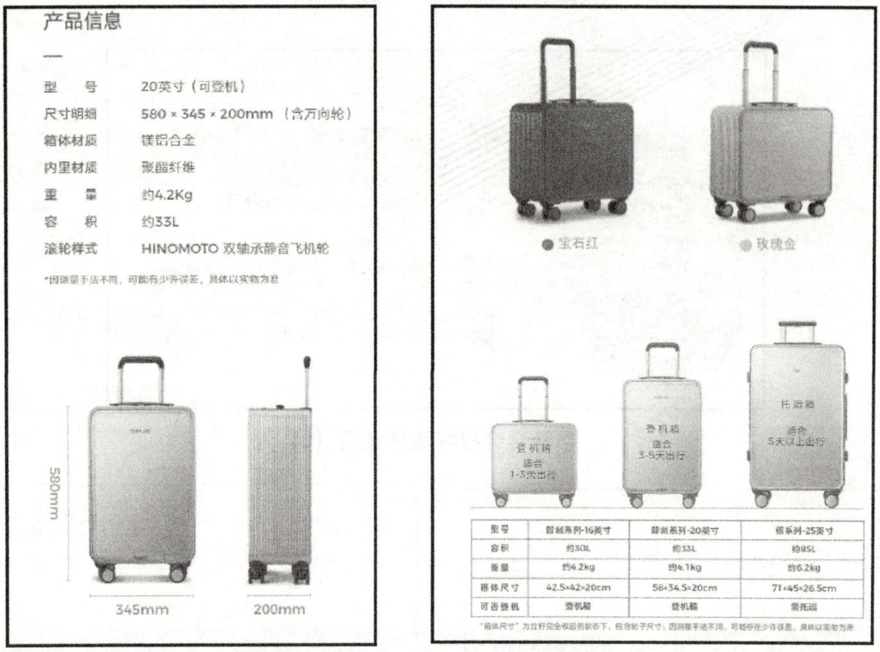

铝镁合金拉杆箱详情页（4）

通过检测结果，针对消费者存在顾虑的坚固性及耐腐蚀性进行答疑，并从保养说明及售后保障方面消除消费者的疑虑。最后提出愿景“开启你对旅途的猜想”，呼应品牌的格调，引起消费者对美好旅途的期待。

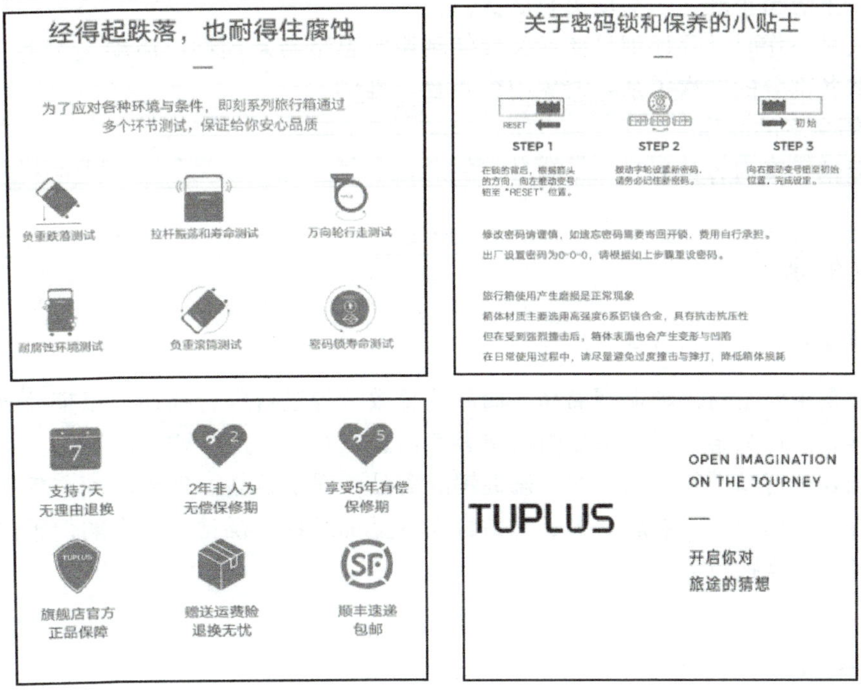

铝镁合金拉杆箱详情页（5）

2. 活动文案的写作

电子商务活动文案写作的目的在于提高用户的参与度，为促销预热并带来销售转化。活动文案写作过程中应该做到主题明确、条理清晰。其写作技巧如下：

（1）善用活动促销期，让活动主题更明确。

活动主题即活动文案的中心思想，能够展示活动的内涵与目的，文案各部分均围绕主题展开。比如以节假日或全民关注的热点为主题，或以“双 11”、结婚季、出行周等为主题。

（2）标题开门见山，激发用户的参与感。

活动标题在第一时间传递活动的内容，展示活动的利益点。简单明了的标题能让用户判断活动是否有趣、有益，关系到活动给用户的第一印象。如“老照片征集令——城乡百年变迁，晒晒你定格的旧时光”“创意文案征文活动，千元现金等你来拿!”，标题指明文案内容为“城乡老照片征集”及“有奖征文活动”，一针见血。

（3）文案图文并茂，提高用户的体验度。

相较于纯文字的活动文案，配有图片的文案更容易引起用户的阅读兴趣，精美的配图可以更好地吸引用户的眼球。采用图片介绍活动参与流程，能给用户直观的感受，降低理解难度，激发参与欲望。

（4）内容全面具体，避免矛盾与漏洞。

活动文案撰写时要明确参与方式，简化活动规则，降低活动理解难度，重视活动结果判定的公平性与可靠性。活动优势及奖励方式要具体，避免“大约、多数、大幅优惠、数量有限”等不确定词汇。活动说明部分要充分考虑存在的所有风险及情况，尽可能规避风险，遇到投诉时才能有据可依。

（5）注重逻辑条理，让活动更有层次。

活动文案写作时既要详细具体，又要体现逻辑思维与条理性。活动文案各个部分要有层次，分清各部分的主次关系，避免内容重复与堆砌。

3. 促销文案的写作

（1）促销文案内容策划。

考考你

你知道促销文案包括哪些内容吗？

促销文案主要是对活动期间商品、商品优惠政策等进行整合描述，以期拉动销售的电子商务文案。促销文案写得好会吸引消费者点击进入查看，产生购买的冲动。在撰写促销文案前首先要进行精心的策划，如明确促销的商品、促销价格、促销时间、促销方式，并将这些内容分别列出来，然后与美工通力合作，呈现出具有视觉冲击力的促销广告图，以促使消费者产生购物行为。

小知识

促销活动必须进行精心策划，促销活动策划主要包括以下内容。

1. 确定促销目标

在开展促销活动前，必须明确促销活动的目标，只有明确了目标，才能保证促销活动的效果。网店促销活动的目标主要包括：新店开张，吸引顾客；巩固市场，应对竞争；拓展市场，争夺顾客；扩大销售，增加利润等。

2. 选择促销商品

在网店的众多商品中，选择一款适合的商品，并备好充足的货源，才能保障促销活动顺利进行。

3. 明确促销对象

促销对象是网店的目标消费群，针对网店的目标人群进行促销信息的传播，促销才会有成效。

4. 选择促销方式

网络促销方式有很多，网店要根据促销对象的接受习惯和产品特点、促销目标等选择适合的促销方式。

5. 确定促销时间

一是确定促销时机，如节日促销、店庆促销等；二是确定促销期限，即活动从什么时间开始，到什么时候结束，即活动持续时间的长短。促销时机和促销期限都要选择恰当，时机不对，促销时间过长或过短，都无法达到促销目标。

开展促销活动不仅需要制作精美的促销海报，还需要完善的文案策划来说明活动的主题、流程以及想要达到的预期效果。

促销文案的内容策划可从以下几个方面进行：

1）用特殊的活动设计增强消费者购买的紧迫感。

促销实际上就是通过活动的设计来增强消费者的紧迫感，将其原本没有的需求或者不紧迫的需求激发出来。在日常运营中，最常见的促销活动方式有以下三种：

第一，限量促销。电商大促的时候，各个商家为了抢前一两个小时的订单，都会设置限量促销活动，如“前 3 名下单付款的免单”“前 60 分钟付款 8.8 折”“仅限前 100 名赠送礼品”等。该促销方式实际上是让消费者之间进行竞争。如图 5－19 所示为某品牌京东旗舰店周年庆限量促销活动文案，实付满 9 999 元加送价值 1 980 元礼品，每天限额 10 名。

图 5－19 某品牌京东旗舰店周年庆限量促销文案

第二，限时促销。限时促销是有明确的促销时间点的一种促销方式，如××时到××时。如天猫超市在“38 女王节”前推出的限时促销文案，活动时间为 3 月 1 日至 8 日，如图 5－20 所示。常见的“最后一天”“最后一小时”等限时促销能让消费者感受到“快来买吧，就在今天”的紧迫感，促使其立刻下单。

图 5－20 天猫超市“38 女王节”限时促销文案

第三，梯次降价。梯次降价一般配合限量或者限时促销，商家设置一个时间或量，消费者就会跟商家进行博弈，该策略抓住了消费者求廉以及害怕喜欢的商品被抢完的心理。如图 5－21 所示为某品牌天猫旗舰店梯次降价促销文案。

2）借助特定的场景，激发消费者购物需求。

场景营销是指设置一个贴近消费者实际生活的场景，让消费者在亲切自然的氛围中被触动，接受商家提供的信息。节日促销的场景较好打造，而非节日促销一般是把日常生活

图 5-21　某品牌天猫旗舰店梯次降价促销文案

中的消费场景打造出来，配以合适的文字，激发消费者购物需求。如图 5-22 所示为某品牌天猫旗舰店帐篷场景营销文案。

图 5-22　某品牌天猫旗舰店帐篷场景营销文案

3）关联销售，让促销效果最大化。

在做活动促销的时候，一定要做关联销售，增强促销效果。关联销售能够让进店的消费者更好地了解店铺和产品，提高店内宝贝曝光率、转化率和客单价。如某品牌天猫旗舰店“舞蹈砖”详情页文案中对与商品相关的宝贝进行了关联推荐，如图 5-23 所示。

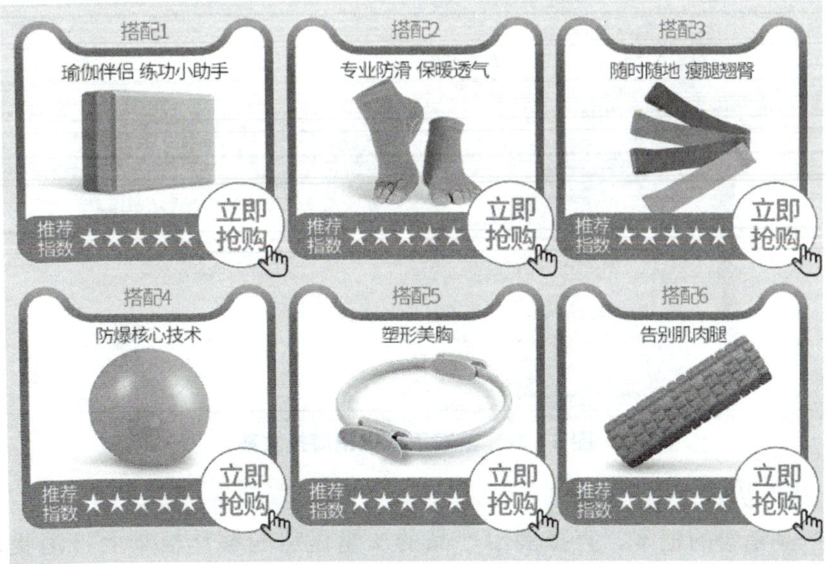

图 5－23　某品牌天猫旗舰店关联推荐文案

小知识

关联商品一般有三种选择：互补关联、替代关联和潜在关联。

1. 互补关联

互补关联强调搭配的商品和主推商品有直接的相关性，如主推烧烤炉，可以搭配烧烤架、烧烤用的签子等同场景商品。

2. 替代关联

替代关联指主推商品和关联商品可以完全相互替代，通过设置不同的场景，选择不同细节、不同款式的商品，期待消费者能多件购买。如主推商品为圆领T恤，那么关联产品可以是V领T恤，也可以是立领T恤等。

3. 潜在关联

潜在关联重点强调潜在互补关系，多类目店铺可以使用。如主推商品为泳衣，那潜在关联的商品可以为防晒霜。表面上看，两种产品毫无关系，但是潜在意义上，买泳装的人可能在户外游泳，因此防晒霜也是必要的。

（2）促销海报文案写作技巧。

促销海报文案的写作本质上是一场销售，需要在文案中展示产品的卖点，抓住消费者的心理特点，迅速吸引其注意力。从产品信息中抽取出品牌、功能、服务、价格等销售要素，将其归纳总结成呈现在海报上的文案的主要内容，可以利为饵、以质为本或巧借消费者心理，唤起消费者的购买欲望。促销海报文案写作常用的三个技巧如下：

1）秒“秀”成果，夺人耳目。

面对庞杂的信息，网络用户在信息、图片上停留的时间都是按秒计算的。促销海报的焦点要清晰、简明，在第一时间“秀”（推销）出产品，直接抛出结论或抛出一个结论性的问题让消费者思考都是很好的办法，如图5－24所示。

图 5-24　某高跟鞋促销海报文案

2）以“质”为本，突出优势。

质量是产品销售的根本，直接展示产品的质量优势能够从根本上打消受众的购买疑虑，突出产品的竞争力。如图 5-25 所示，海报文案以重物与手机碰撞后破碎的图片及文案“抗震防摔”相结合，突出手机壳的质量优势。

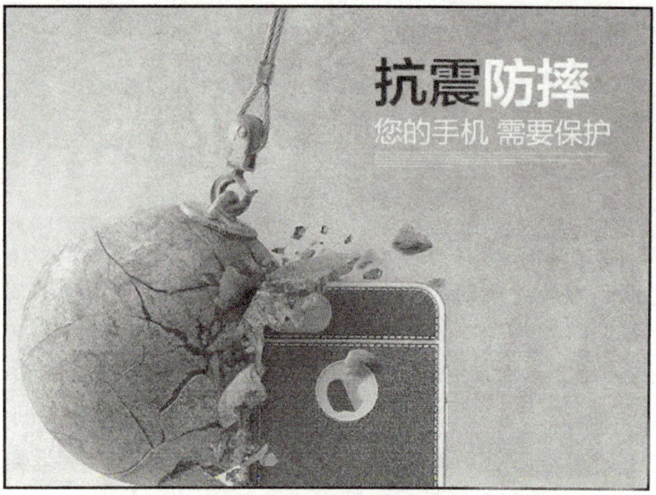

图 5-25　某手机壳促销海报文案

3）巧借心理，打造认同感。

结合产品或服务的特点，将消费者引入文案情景，打造认同感。可以利用消费者的恐惧心理、求廉心理、从众心理、获得心理及稀缺心理等。

赏文案

案例 1：某化妆品海报文案。

产品卖点：抗皱紧致

利用心理：恐惧心理

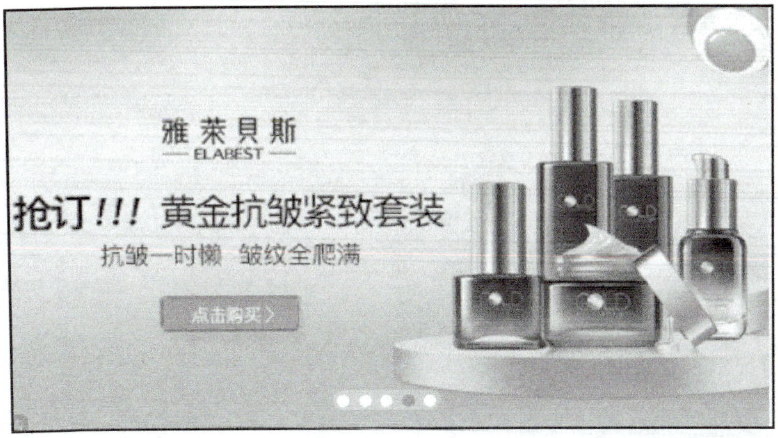

某化妆品海报文案

案例 2：某男士服装海报文案。
产品卖点：时尚
利用心理：求廉心理

某男士服装海报文案

案例 3：某啤酒海报文案。
产品卖点：饮用方法及口味
利用心理：稀缺心理

某啤酒海报文案

案例 4：某蚊香液海报文案。

产品卖点：无香型

利用心理：从众心理

某蚊香液海报文案

海报文案要求简洁明了，篇幅短小精悍。避免文案内容令人费解或空洞无物，避免出现与消费者无关、不切实际、难以实现的内容。促销海报涉及的地点、时间及主要内容要具体真实。文案中可适度追求文字艺术性，如采用“免费、全新、宣布、新、现在、终于、减价、如何、为什么”等字眼以吸引消费者，但不可夸大事实、无中生有。

小知识

软　文

软文，顾名思义是软性广告的意思，它是相对于传统的硬性广告而言的。软文的突出特点就是一个“软”字。广告策划人员根据企业营销的策略，针对企业的产品或服务通过撰写一些具有一定实用性的文章吸引读者的注意，在给读者提供他们所需要的精神食粮的同时也深深地把企业的品牌、理念等烙在读者的心中，从而达到软文营销的效果。

软文的作用很多。有些软文用于曝光品牌或产品，只需要在文章中提及即可；有些软文用于推荐品牌或产品，需要详细介绍和通过故事带入；有些软文用于建立美誉度，需要一份公允公正的行业调查报告；有些软文用于企业危机公关，需要阐明事实，给公众一个合理的答复或致歉。

一般用于推荐品牌或产品的软文的写作框架如下图所示。

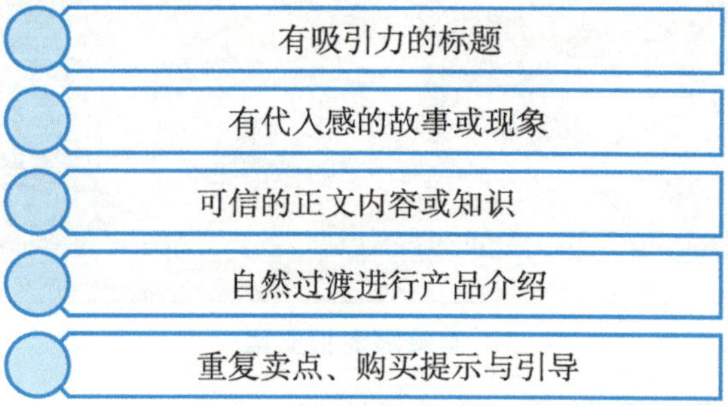

软文写作框架

软文不同于视频广告和海报文案的直白宣传，它是通过文章铺垫、内容引导，直击消费者内心，让消费者真正感受到自己需要这款产品。优秀的软文推广首先要揣摩消费者内心，了解消费者的需求，消除消费者对营销反感的心理。其次要潜移默化地影响消费者对品牌的印象，拉近与消费者之间的距离，让消费者逐渐产生对产品的依赖性。最后要引导消费，软文的最终目的是增加产品的销售量，一般以促销结尾。

任务实施

一、分析销售文案的特点

(1) 通过网络，找一找有哪些不同类型的销售文案，请在表 5-7 中填写其标题及主要内容。

表 5-7　销售文案搜集

销售文案类型	标题或来源	主要内容

(2) 总结以上销售文案中有哪些共同的要素。

____

____

二、分析销售文案的优缺点

(1) 登录淘宝网，任意找一个“创意台灯”的详情页，分析该详情页文案的优缺点。

____

____

(2) 登录微信公众号，任意找一个“创意台灯”的活动文案，分析该活动文案的优缺点。

____

____

(3) 登录微信公众号，任意找一个“创意台灯”的促销海报文案，分析该促销海报文案的优缺点。

____

____

三、制作产品详情页文案

任务背景：小晴所在公司主销各式“创意台灯”，产品主要面向年轻一代，强调产品的设计感与个性化，但产品知名度不高，销量平平。在“618”来临之际，公司准备在电商平台推出新产品（仅供参考），要求小晴完成详情页文案制作。产品如图 5-26 所示。

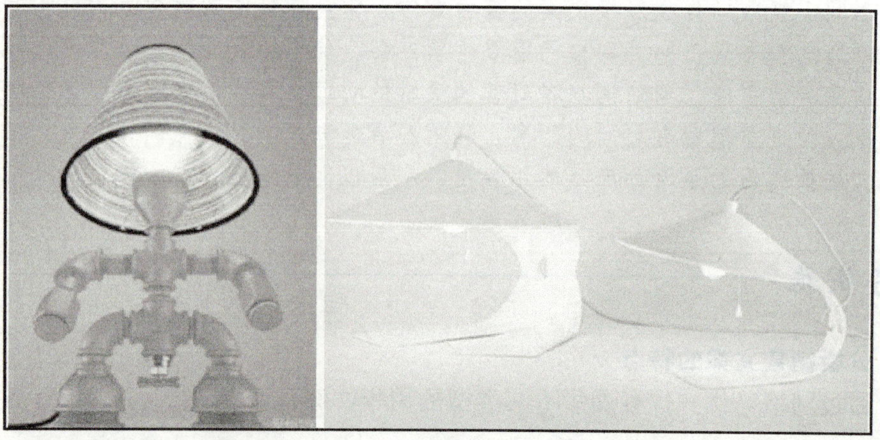

图 5-26 “创意台灯”参考图

（1）根据产品详情页文案的写作步骤，描述详情页主要模块及文案内容，完成表 5-8。

表 5-8 详情页文案主要模块及内容

主要模块	文案内容
主产品海报文案	
产品卖点一	
产品卖点二	
产品卖点三	
产品信息一	
产品信息二	
企业及品牌信息	
售后保障	

（2）使用“美图王”或 Photoshop 软件，完成“创意台灯”详情页文案的制作。

四、撰写产品活动文案

任务背景：为尽快提高“创意台灯”的知名度，公司决定举办活动来提高消费者的参与度，并将活动文案发布在公司公众号上，活动主题为“晒晒你的创意台灯”。

（1）参考活动文案的组成部分，撰写一篇“618”活动文案，请简要描述文案主要模块及内容，完成表 5-9。

表 5-9 活动文案主要模块及内容

主要模块	文案内容
活动标题	
活动时间	
活动介绍	
活动说明	

（2）根据以上思路，撰写完整的活动文案，并在公众号上发布。

五、设计产品促销海报文案

任务背景：为配合“创意台灯”的“618”大型促销，公司需要一组海报文案用以引流及导购，海报文案要求突出“促销、低价、个性”等要素。

（1）确定海报文案的主题。

____

____

（2）确定海报文案的内容。

____

____

（3）利用创客贴或 Canva 等小程序，完成“创意台灯”促销海报文案的制作。

____

____

任务四　品牌文案的写作

情景导入

即将迎来中秋节，小晴所在部门接到任务，公司准备以此为契机对品牌进行宣传。要求文案部门结合中秋节，挖掘公司产品与节日的内在联系，将品牌文化、消费者需求及节日内涵联系起来，既要形式新颖，又必须与品牌一贯风格相符。“我们公司的产品是‘创意台灯’，主打设计感，中秋节是家人团圆的传统节日，这样的品牌文案该怎么写呢?”小晴陷入了思考。

任务目标

1. 了解电子商务品牌文案的特征。
2. 理解电子商务品牌文案的类型及写作技巧。

知识储备

品牌文案用于向受众传递品牌相关信息，加深受众对品牌的印象及情感。品牌文案写作时需要挖掘目标人群的需求及情感，找到其与产品元素及相关卖点之间的契合点。品牌文案要以相关事件、节日或活动为载体，传递品牌的形象，达到扩大影响的目的。高质量的品牌文案对于品牌推广、品牌宣传有莫大的帮助，一篇好的品牌文案，理应是优美的、通俗易懂的、能打动用户的。

一、品牌文案的概念

品牌文案即传播文案，是为了达到扩大品牌影响力的目的，从品牌个性出发，强调引起消费者的注意与情感共鸣，从而引发受众自主传播的文案。

二、品牌文案的特征

品牌文案主要具有三个特征：有调性、重情感、利传播。如图 5－27 所示。

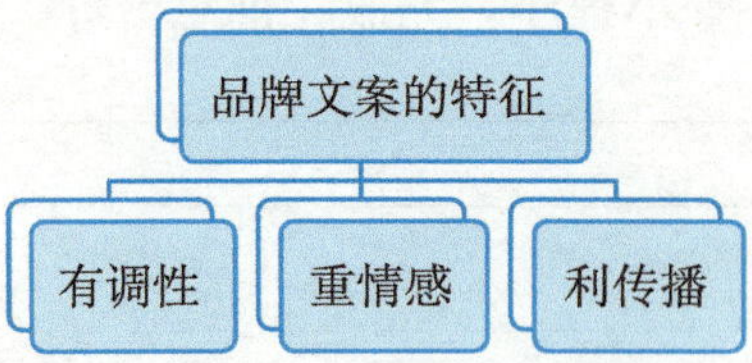

图 5－27　品牌文案的特征

1. 有调性

品牌调性，是基于品牌的外在表现而形成的市场印象，是品牌传达给消费者的印象记忆。品牌调性包括：品牌核心价值定义阐释、品牌价值诉求、品牌标识语、品牌故事、品牌主广告语等。从品牌人格化的角度来看，品牌调性相当于人的性格。美国品牌学专家戴维·阿克总结出七种品牌人格：坦诚、刺激、能力、精致、粗犷、激情、平静。品牌文案的目的就是赋予品牌人格魅力。

如果说品牌调性相当于人的性格，那么文案调性就是这个人的语言风格。一篇好文案能让人从文中了解品牌调性、产品属性和受众类型。一般文案调性包含三个要素：清晰、鲜活、有性格。

【敲黑板】
文案不是品牌调性的决策者，而是品牌调性的稳固者。

（1）清晰。

文案调性的第一要素是清晰。它能够延续和巩固品牌调性在受众心里的认知度，准确覆盖和把握产品受众的类型和心态变化，同时也能够清楚地表达产品的功能属性，展现品牌风格。

如图 5－28 所示，某国产化妆品品牌文案，借助传统二十四节气的特征，体现浓浓的中国风与淡淡的小清新，将国产化妆品的草本特色与传统文化紧密联系起来。如立春文案，表现出草木复苏的景象，传递着草本能量，呵护着现代东方之美，既契合节气特征，也传递了品牌特色，清晰表达了品牌的草本元素及清新自然的特点，体现了草本护肤的特色。

（2）鲜活。

鲜活即鲜灵活泼、不死板、不陈腐，体现在品牌文案上即生动、易理解。品牌传播的关键在于“沟通”，不能高高在上，要和用户互动，让品牌“说话”。

如图 5－29 所示，某生鲜食品配送平台的文案“下辈子还要做自己：横行霸道，富得流油”“一张嘴就知道肚子里有料”将产品及品牌的“新鲜、料足、速达”的特点以人格

图 5－28　某国产化妆品品牌文案

化的方式表现出来，加深了消费者对品牌、产品的认识。

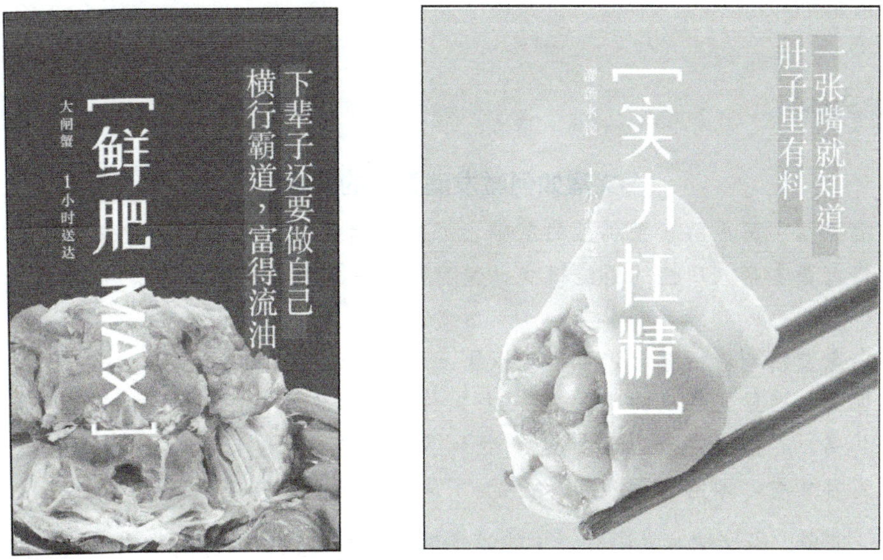

图 5－29　某生鲜食品配送平台文案

（3）有性格。

品牌有调性，文案也有自己独特的个性，或深沉有理或活泼跳跃，或平凡质朴或奢华精致。文案性格就是品牌调性的具体表现。如图 5－30 所示的某家居品牌的产品文案，着重通过感性文艺的语言，传递出品牌文化，唤起了消费者的需求和购买欲。在技巧上多用比喻和拟人的手法，将产品卖点融入文案，让家居用品变得温暖并且有性格，充分体现出品牌温馨、暖心的调性。

图 5-30 某家居品牌文案

2. 重情感

品牌文案的情感化能够让一个物质层面的产品具备精神附加值，成为满足人们某种情感需求的象征物。品牌文案的写作不是直接表达产品的具体属性、品牌运作原理、企业经营之道，而是让读者觉得这个牌子“懂我”，从而引起消费者对品牌及产品的关注，最终达到品牌传播的目的。

小知识

文案如何激发消费者的情感?

文案需要在了解产品本身属性的基础上，洞察消费者，通过情感化文案带动消费者情绪。相比将消费者带入理性的思维模式，情感反应更能激起人们对于产品的关注，从而促成销售。

文案在激发消费者情感时，可把握以下三点：

（1）惊讶，即给人带来的感受是：“啊！你怎么知道?”

（2）共鸣，即给人带来的感受是：“啊！我也有这种感觉!”

（3）刮目相看，即给人带来的感受是：“原来你懂我!”

具体、形象、诉诸情感的语句，更能给予消费者真实感，这样的文案也就更能引发消费者的情感共鸣。如图 5-31 所示，某白酒品牌这组以北漂故事为主题的“没有酒，说不好故事”文案，让每个有相似经历、相似故事的人，都能从中找到自己的影子，同时将“故事”与“酒”两个要素联系起来，既让品牌懂得消费者的情感，又让消费者懂得品牌的情感。

3. 利传播

品牌文案可以通过提倡一些具体的观点、话题及价值，促使消费者主动分享与传播，在传播的同时提高品牌的曝光度，增加消费者对品牌的认知及情感共鸣。如图 5-32 所示，某

图 5－31　某白酒品牌文案

企业在国际劳动妇女节推出“致女子力”主题文案，打破了大众对女性“柔弱”的认知，展示了女性坚强、独立、自主的一面，从而引起了女性的共鸣以及社会对女性价值的认可。

图 5－32　某企业的主题文案

三、品牌文案的类型

品牌文案，以品牌调性为基础，可通过节日文案、热点借势文案及倒计时文案三种类型，唤起受众共鸣，提高受众对产品的期待，以达到塑造品牌形象、展示品牌价值的目的。

1. 节日文案

节日是品牌宣传的重要时间点，借助节日蕴含的意义，结合品牌形象及产品特点推出对应的节假日营销活动或文案，可以传达品牌的内涵，加强与消费者的情感联系，并增加品牌的曝光度。创作节日文案重点在于挖掘受众需求、提炼与节日相关的关键属性、提炼品牌或产品的关键属性或卖点，并寻求三者的契合点，如图 5－33 所示。

（1）受众需求。

节日文案的第一要素是目标受众及受众的需求。节日文案以节日为依托，不同节日有其特定的受众群，只有精准定位目标用户，满足目标用户的需求，才能有足够的阅读量和

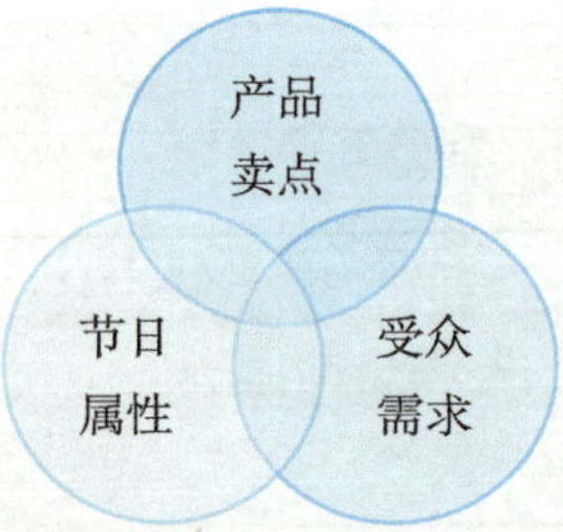

图 5-33 品牌节日文案三要素

转化率。

（2）节日属性。

提炼与节日相关的关键属性，需根据不同节日的不同内涵，列举与节日相关的属性与关键词，构建节日场景及主要活动，为节日文案的创作奠定基础。

（3）产品卖点。

提炼品牌或产品的关键属性或卖点，所提炼的内容必须是目标用户关注的，必须是得到消费者认可的，而不是商家自认为的。同时，由于品牌特点的多面性，还需根据节日的不同特点选择契合的功能和卖点。

赏文案

某汽车品牌母亲节文案

某汽车品牌针对新生儿家庭，将家庭用车的卖点与母亲节日关键词——伟大、辛苦、怀孕、康乃馨相结合，确定其母亲节品牌文案为：“当 1+1>2，你是最伟大的数学家”。

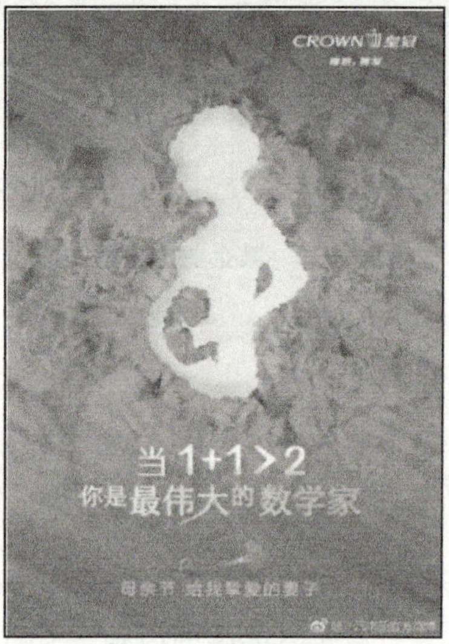

某汽车品牌母亲节文案

2. 热点借势文案

热点借势文案的写作方法与节日文案的写作方法和原则一样，不同在于节日属于可预测型，可事先打磨准备，而热点则属于不可预测型，需要对突发话题或者事件做出快速反应。撰写热点借势文案时要特别注意两个问题：一是要快，速度是决定性因素，要趁着最有热度的时候将内容推出；二是要巧妙，将热点事件与自己的产品巧妙结合。

品牌利用热点是为了更好地传播，不是为了刷存在感或凑热闹。首先要把握热点趋势，找到热点与受众兴趣的结合点，找到热点与品牌、产品的结合点；其次要从独特的角度切入，才会与众不同；再次要根据品牌定位和市场计划，有差异性地表达品牌的延展价值，与热点真正产生关联，才能最大限度地被受众需要；最后要让受众因此热点而记住你的产品或品牌，对品牌或产品产生印象，从而在选择相关产品或服务时，头脑中会自发调出你的传播信息。

赏文案

热点借势文案

每当 iPhone 新品发布后，各大品牌商也会开始快速抢占“热点话题”，“蹭”iPhone 新品的热点，借助 iPhone 的品牌热点，来推广宣传自身品牌。新品红色 iPhone7 发布时，洽洽瓜子和众泰汽车抓住本身与 iPhone 新品一致的红色，凸显其品牌“红”得更久、更广，成功地“蹭”了红色 iPhone7 的热点，同时也与自身品牌元素不谋而合，让人不觉得突兀。

热点借势文案

3. 倒计时文案

推出新产品或启动新活动前的预热是企业品牌宣传的重要环节，企业往往会借助新媒体文案提前告知消费者，引起消费者的好奇心。很多企业都会以倒计时系列海报的形式进行预热。倒计时文案一般为系列文案，构图、颜色、背景、文案故事相似，按时间顺序逐步推出相应的文案内容，将消费者一步步引入品牌活动中。

倒计时文案写作时一般可分为以下五步进行，如图 5－34 所示。

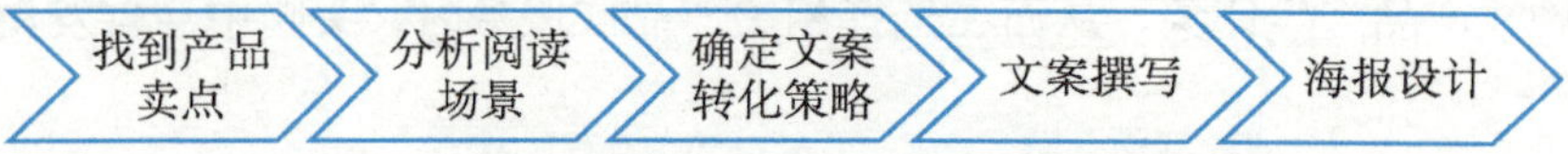

图 5－34　倒计时文案写作步骤

第一步，找到产品卖点，并确定文案将要给用户传递的产品信息。从产品角度及用户角度，分别列出产品卖点列表和用户需求列表，并联想倒计时数值与两者之间的关联，形成第三份列表。

第二步，分析阅读场景。以微信朋友圈阅读场景为例，用户在浏览信息时，一条信息的阅读时间通常只有几秒，所对应的文案必须是简短、直白、吸睛的。

第三步，确定文案转化策略。明确文案的目的是解决问题还是创造需求。文案可以解答用户疑惑，说服用户；或植入精细场景，激发特定用户的需求；或制造认知失衡，重构用户的认知。

第四步，文案撰写。倒计时文案作为系列文案，需要在风格、语言、文案句型等方面统一。

第五步，海报设计。将场景构思与氛围付诸设计实践，形成最终文案成果。

赏文案

倒计时文案

某品牌手机新品发布会倒计时文案，以自然生物为主题，营造生态、简约、高雅的氛围，采用直白的数字表达顺序，从屏占比、摄像头、像素三个要素的角度提出疑问，既表明新产品的卖点，也引起阅读者的好奇。

某品牌手机新品发布会倒计时文案

四、品牌文案的写作技巧

1. 品牌拟人化

所谓拟人化，就是将产品或者品牌的某个特点，以人格化的方式表现出来，或是将产品或者品牌直接比拟成人。生动的拟人化文案可以更好地亲近目标消费群，让消费者感受到这个品牌价值背后的温度，并产生亲切感和依赖感。

赏文案

拟人化文案

某品牌手机的海报文案，将产品的外观与人的特征结合，让产品模仿人跑步及照镜子的动作，并以人的口吻进行自述，趣味化地展示了手机的核心卖点。

某品牌手机版拟人化文案

品牌传播的关键在于“沟通”，在于与用户的互动。拟人化的品牌文案写作，可以是产品外部特征拟人化，也可以为品牌注入情感和灵魂。“沟通”就要多运用内容营销，学会讲故事，让受众找到情感共鸣和归属感。

2. 情感诉求法

情感诉求法，是通过作用于目标受众的情感活动（包括各自的情感体验、情感联想、情感回忆及变化过程），使目标受众对文案宣传的产品或服务的信息内容产生感受性体验和共鸣，并由此触动目标受众的感情世界，从而影响其价值判断和行为方式。如图 5-35 所示的某白酒品牌文案，通过对年轻人的细腻洞察，在多种沟通语境里，对生活的体悟进行温柔的表达，写出一句句充满故事感的文案，深入人心，获得了年轻人的认可。

图 5-35 某白酒品牌文案

3. 利益诉求法

利益诉求应体现产品的卖点满足消费者需求的程度，强调产品或品牌给消费者带来的利益或好处。如某品牌洗碗机的“十一不洗碗”文案，强调拥有洗碗机，就拥有了无限假期的好处；而某输入法的“十一”文案则强调产品语音输入速度飞快的优势，与假期出游排队的“堵”形成对比，突出“心不堵”的优点。如图 5-36 所示。

图 5-36　利益诉求文案

4. 场景定位法

产品的使用场景一般可以分为两大类：一类是“如果拥有这个产品，你会如何舒心”，另一类是“如果你没有这个产品，你会如何糟心”。文案所要做的工作，就是描绘这两种场景中的一种，让消费者产生代入感，从而引发购买行为。场景真实性通过细节体现，细节的多寡决定文案是否具有代入感，细节越丰富，消费者就能在脑中勾勒出越清晰的画面，也就越容易产生代入感。

赏文案

某连锁咖啡店品牌情人节文案

浓浓的可可
加上她的那种眼神
跳动的蓝簇火焰
微笑着、微笑着
那首《卡萨布兰卡》动听的歌曲
回荡在这间乔曾经住过的房间
她就蜷在那里一动也不动
闻着周围发霉的气味

她问“乔，怎么不出去走走呢，外面多好”
乔不语
她就像只猫一样地蜷在那里
啃着自己的手指甲
那留在指缝里的
还是星巴克里的可可

某连锁咖啡店品牌情人节文案插图

该情人节文案，以人物眼神、表情、动作、歌曲、语言等细节对场景进行描述，将画面呈现在受众眼前，让人如临其境。文案中自然植入产品，让受众代入情景，在情景中代入产品，实现产品、受众与场景的融合。

除了描写正面愉快的场景，很多时候文案也需聚焦于负面的痛苦场景，毕竟产品带来的美好享受尚需要去想象，但痛苦却可能是他们的亲身经历。

赏文案

“忘带钥匙”可以说是几乎每个人都体验过的麻烦，某智能家居品牌在其安全门锁的产品海报中，通过描绘“忘带钥匙”带来的尴尬场景，让用户产生代入感，意识到能用指纹开门的爽利。

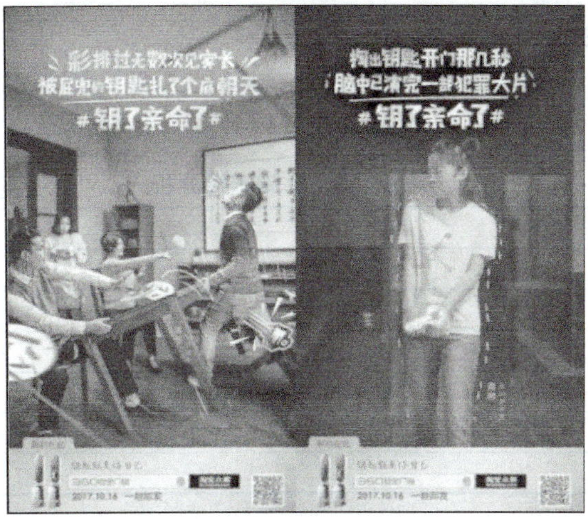

某智能家居品牌安全门锁文案

5. 理性诉求法

理性诉求需要客观、理性、真实、准确地传达企业、产品、服务的功能性利益，为消费者提供分析判断的信息，或直接提出观点并进行论证，促使消费者经过思考后理智地做出判断。如某汽车品牌文案，强调 OLED 尾灯的特点，向消费者传递产品优势，其文案“闪烁疾驰，用尾灯为对手照亮前路”直接介绍了产品的功能。而某手机品牌则将闪拍系统的构成直接在文案中展示出来，让消费者认可其产品功能，达到品牌宣传的目的。如图 5-37 所示。

图 5-37　理性诉求法文案

任务实施

一、分析品牌调性

（1）美国品牌学专家戴维·阿克总结出七种品牌人格：坦诚、刺激、能力、精致、粗犷、激情、平静。请填写以下品牌的文案并分析其品牌调性，完成表 5-10。

表 5-10　品牌调性分析

品牌	品牌文案	品牌调性
可口可乐		
三只松鼠		
蒙牛		
老板抽油烟机		
奔驰汽车		
博柏利		

（2）以“创意台灯”为例，设定品牌调性。

____

二、分析品牌文案

以表 5 - 10 中的品牌为例，分析其品牌文案是否与品牌调性相符，该文案满足或唤起了消费者的哪些需求。

三、撰写品牌节日文案

任务背景：即将迎来中秋节，小晴所在部门接到任务，公司准备以此为契机对品牌进行宣传。要求文案部门结合中秋节，挖掘公司产品与节日的内在联系，撰写“创意台灯”中秋节日文案，产品如图 5 - 38 所示。

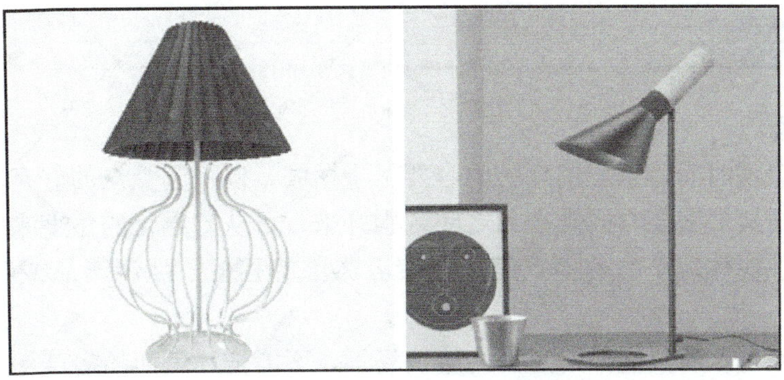

图 5 - 38　“创意台灯”参考图

（1）根据以上内容，分析“创意台灯”的消费群体及其购买产品的理由。

（2）提炼与中秋节相关的关键词及活动场景。

（3）提炼“创意台灯”的关键属性或卖点。

（4）在符合品牌调性的基础上，找到“创意台灯”的卖点与中秋节的节日属性及消费者需求之间的联系。

四、制作品牌倒计时文案

任务背景：小晴的公司预计在元旦上新一批新型环保材料制作的新品台灯，要求在新品发布前三天将文案投放到微信朋友圈及公众号。

（1）找出环保材料制作的“创意台灯”的卖点。

（2）分析微信朋友圈及公众号用户的阅读场景，并初步设计文案的格式及内容。

____

____

（3）确定文案转化策略及写作技巧，完成文案。

____

____

（4）利用创客贴或 Canva 等小程序，完成“创意台灯”新品发布倒计时文案的制作。

____

综合练习

一、判断题

1. 软文中表现时间等重要信息的内容要尽量模糊，以引起受众的好奇心。（　　）

2. 产品详情页文案要与同类产品之间区别开来，可从差异化的角度来写作。（　　）

3. 利益诉求应体现产品的卖点满足消费者需求的程度，强调产品或品牌给消费者带来的利益或好处。（　　）

4. 品牌文案写作时只能描写正面的愉快场景，不能描述负面的痛苦场景。（　　）

5. 感性诉求需要真实、准确地传达企业、产品、服务的功能性利益，为消费者提供分析判断的信息，促使消费者经过思考，理智地做出判断。（　　）

6. “吃掉一只优秀的小龙虾，就抓住了南京的夏天”，此标题采用夸张的手法，属于虚假宣传，绝不能使用。（　　）

7. 品牌没有喜怒哀乐，所以不具备与人相似的品牌个性。（　　）

8. 独白式开头，自言自语，不利于与受众的直接沟通，无法让受众产生代入感，因此不适合用于文案写作。（　　）

二、单选题

1. “怎样养小孩才能预防破产”，这则标题的命名方式是（　　）。

A. 数字类　　B. 提问类　　C. 心理类

D. 借势类　　E. 语言类

2. “一懒众衫小，薪净自然凉”，这则标题的命名方式是（　　）。

A. 数字类　　B. 提问类　　C. 心理类

D. 借势类　　E. 语言类

3. “香辣酸爽，懒人也爱的无骨鸡爪，一口开胃，两口上瘾”，这则标题的命名方式是（　　）。

A. 数字类　　B. 提问类　　C. 心理类

D. 借势类　　E. 语言类

4. “出汗能减肥、排毒？我看你思想有‘毒’”，这则标题的命名方式是（　　）。

A. 数字类　　B. 提问类　　C. 心理类

D. 借势类　　E. 语言类

5. 以下不属于软文打动受众的角度的是（　　）。

A. 营造安全感　　B. 营造归属感

C. 营造价值感　　D. 营造体验感

6. 某国产化妆品以传统二十四节气为主题的品牌文案，属于（　　）。

A. 节日文案　　B. 倒计时文案

C. 热点借势文案　　D. 销售文案

7. 为突出品牌的鲜活形象，将产品外部特征拟人化或为品牌注入情感和灵魂，这属于品牌文案写作的（　　）。

A. 情感诉求法　　B. 理性诉求法

C. 品牌拟人化　　D. 利益诉求法

8. 品牌文案的特点不包括（　　）。

A. 有调性　　B. 重情感　　C. 重出处　　D. 利传播

三、多选题

1. 下面哪些心理是消费者购物时的常见心理？（　　）

A. 恐惧心理　　B. 从众心理

C. 稀缺心理　　D. 求廉心理

2. 下面属于提问式标题的提问方法的是（　　）。

A. 反问　　B. 设问　　C. 疑问　　D. 明知故问

3. 电子商务文案正文开头可以采用以下哪些方法进行写作？（　　）

A. 故事型开头　　B. 权威式开头

C. 场景式开头　　D. 提问式开头

4. 电子商务文案的正文结尾可采用（　　）等技巧。

A. 转折震撼式　　B. 利益诱导式

C. 话题讨论式　　D. 引导行动式

5. 常见的销售文案有（　　）。

A. 详情页文案　　B. 促销文案

C. 软文　　D. 活动文案

6. 借助权威可以采用以下哪些方法？（　　）

A. 借助权威专家　　B. 借助权威机构认证

C. 借助权威媒体报道　　D. 借助权威典籍

7. 销售文案写作时，为消除消费者顾虑，可采用（　　）等方法。

A. 销量证明　　B. 消费者证明

C. 权威证明　　D. 商家证明

8. 活动文案按目的不同可分为（　　）。

A. 互动型文案　　B. 长文案

C. 卖货型文案　　D. 短文案

9. 常见的海报文案有（　　）三种类型。

A. 活动主题型海报文案

B. 活动内容型海报文案

C. 活动主题+活动内容型海报文案

D. 搞笑幽默文案

10. 下面关于软文的说法正确的是（　　）。

A. 软文与硬广的最大区别就是，软文讲究藏而不露、以柔克刚

B. 通过文章内容与广告的完美结合，使软文达到广告宣传效果

C. 软文不需要主题，可随意发挥，只要有吸引力即可

D. 企业最新活动、人事变动、业绩报告等内容不适合软文写作

四、案例分析题

突如其来的新冠肺炎疫情让所有人都措手不及，各行各业都遭受了不同程度的损失。然而每一个时期都有符合形势的行业，疫情期间，一批依托互联网的线上产业“被迫”火了起来。线上教育就是其中之一。为了响应教育部“停课不停学”的号召，全国超 2 万所中小学的 1 200 万名学生开始了直播上课的特殊学期。而作为远程办公软件的钉钉，由于其强大的在线直播功能以及易操作等属性，被教育部选中成为直播上课的“官方软件”。然而，钉钉万万想不到的是，本以为这是一次一飞冲天的机遇，却演变成了被迫与小学生“斗智斗勇”的惨痛故事。

依赖数量庞大的教师和学生群体用户，钉钉的下载量持续飙升，一度突破 11 亿，稳居远程办公 App 下载量首位。这对于钉钉原本是一件有着重大意义的事情，因为在做好了这次直播网课之后，它极有可能借此开辟线上教育模块，拓展一个更加庞大的市场。但令钉钉意想不到的是，在下载量飙升的同时，在应用市场上的评分却开始向下俯冲，短短几天时间内，就降到了原来评分的一半，如图 5-39 所示。

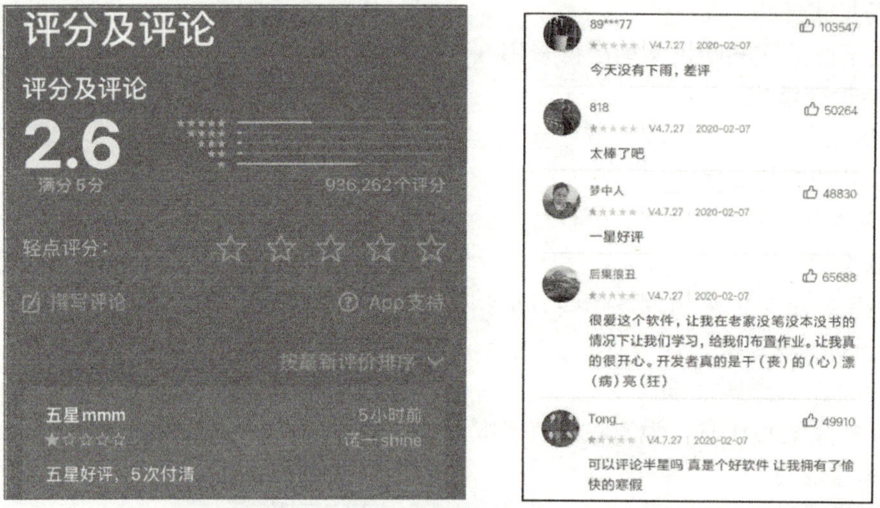

图 5-39　应用市场上钉钉的评分及部分用户评论

这背后的原因令人哭笑不得，原来是使用钉钉的学生得知大量差评将会强制 App 下线，于是开始疯狂刷差评，并乐此不疲。得知假期延长却要在钉钉上网课的消息，对于学生来说如同瞬间从“天堂”掉进了“地狱”。既然没办法反抗现实，就只能将“怒火”发泄在钉钉这个“出气筒”上。即便功能再全面、再强大也抵不过“今天没有下雨，差评”这样的无厘头的评论。有苦说不出的钉钉，只能眼睁睁地看着差评一路暴涨、评分一路下滑。

面对这群铁了心要发泄的小学生们，坐下来好好讲道理当然是毫无意义的。钉钉用三次巧妙的“求饶”化解了这次危机。

第一次：2020 年 2 月 14 日，钉钉在微博上发布了一张自制表情包。“讨个生活而已，少侠手下留星”“我还是个 5 岁的孩子，求求手下留情”这样的文案充分展示了钉钉对于现状深深的无力感。如图 5－40 所示。

品牌想要与用户沟通，就必须要借助能触达用户的渠道。所以钉钉这次没有用官方的公关稿件，反而用学生惯用的表情包来达到对话的目的。联合发声是品牌营销中扩大影响力的常用手段，而作为阿里系旗下的办公品牌，这次钉钉一口气将兄弟品牌全部拉上为自己证明，如图 5－41 所示。借助这些有强大影响力的品牌共同发声，钉钉这第一次“求饶”获得了极大的影响力和传播范围，进一步提升了品牌影响力。

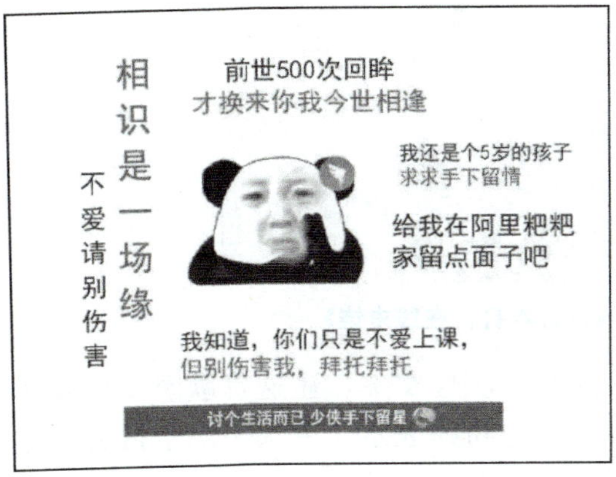

图 5－40　钉钉自制求饶表情包

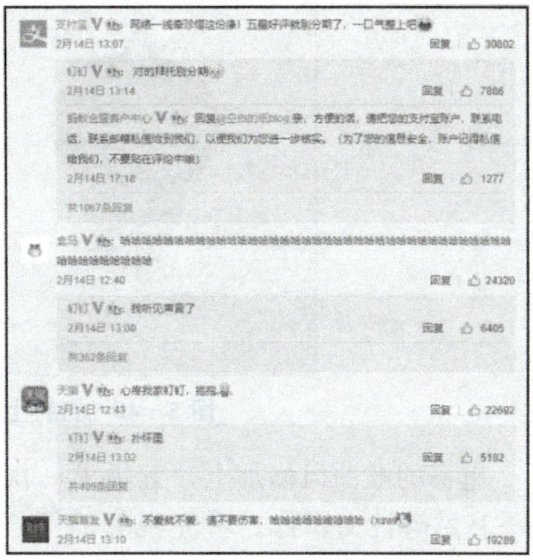

图 5－41　阿里系联合声明

第二次：2 月 15 日，哔哩哔哩网站（B 站）上某视频创作者改编了一首魔性歌曲《你钉起来真好听》，用魔性的歌词和二次元的唱法对钉钉进行了吐槽，如图 5－42 所示。钉钉正面回应“会唱了、链接已发 CEO，让他每天循环一百遍”这样的自黑文案，顺势开启了第二次“求饶”。这让用户感知到了品牌的肚量和诚意，无形之中展现了品牌敢做敢当的性格，大大提升了品牌的好感度。如图 5－43 所示。

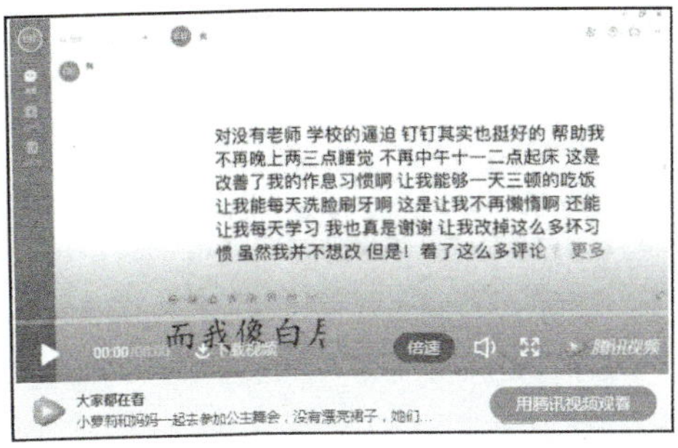

图 5－42　B 站歌曲《你钉起来真好听》

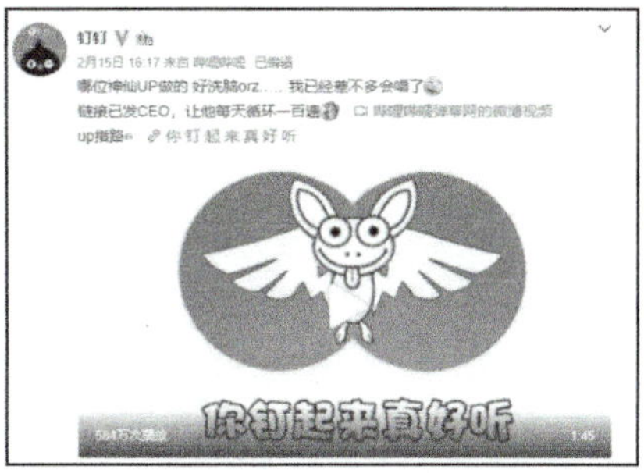

图 5－43　钉钉回应 B 站歌曲《你钉起来真好听》

第三次：钉钉针对《你钉起来真好听》的这一波自黑，也引起了多家品牌的转发，大麦网在转发钉钉微博时还建议钉钉“回头开专场个唱，第一首就唱这个向广大中小学的朋友们谢罪”。如图 5-44 所示。

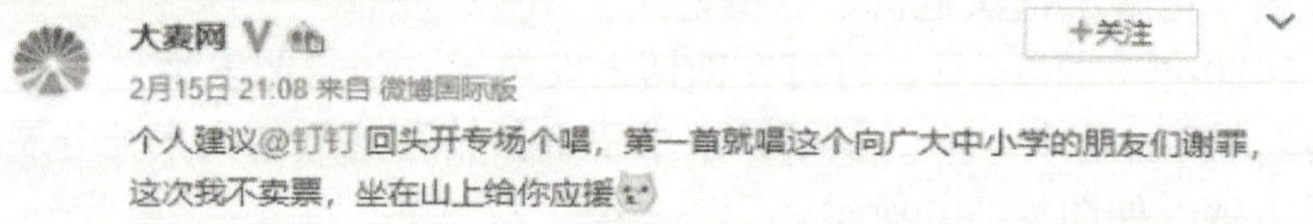

图 5-44 大麦网微博

令人最意想不到的是，钉钉真的采用了大麦网的建议，在 2 月 16 日上线鬼畜歌曲《钉钉本钉，在线求饶》，如图 5-45 所示。

图 5-45 钉钉上线歌曲《钉钉本钉，在线求饶》

鬼畜的歌曲风格加上“五星求一次付清”这样的魔性文案，让这首歌瞬间席卷了微博、B站等社交媒体。看完视频的用户们在爆笑中也纷纷表示“下次一定给钉钉五星好评，绝不分期”。

钉钉的三次“求饶”，成功地化解了学生带来的“危机”，让钉钉的 App 评分有了回暖的趋势，不得不让人感叹，钉钉太不容易了！

阅读案例，回答以下问题：

1. 钉钉为什么采用表情包、自黑、鬼畜这些方式处理 App 评分低的问题？

2. 钉钉的三次“求饶”对品牌营销有哪些作用？

3. 钉钉的品牌调性是什么？找找钉钉的其他文案，说明其文案是如何与消费者需求、品牌调性融合的。

推广篇

项目六

电子商务文案在哪说

项目目标

知识目标

1. 了解新媒体平台的主要类型和基本推广技巧。
2. 掌握资讯类平台、社交类平台和视频类平台文案推广技巧。

能力目标

1. 能分析主流平台的推广优势。
2. 能在不同平台进行文案的推广。

情感目标

1. 增强对电子商务推广文案写作的认知。
2. 养成在生活中观察、吸取他人经验的良好学习习惯。

项目导读

随着互联网的发展，电子商务市场逐渐完善，文案不再局限于传统媒体，而是开始在新媒体平台大展风采，成为电商企业进行营销推广的不二之选。要想成为一名合格的电子商务文案写手，不仅需要掌握文案的写作方法，还要掌握文案的推广技巧，从而成功提高文案的传播度，提高产品的销售业绩。本项目从新媒体平台主要类型和基本推广步骤入手，介绍资讯类平台、社交类平台和视频类平台电商文案的推广技巧。

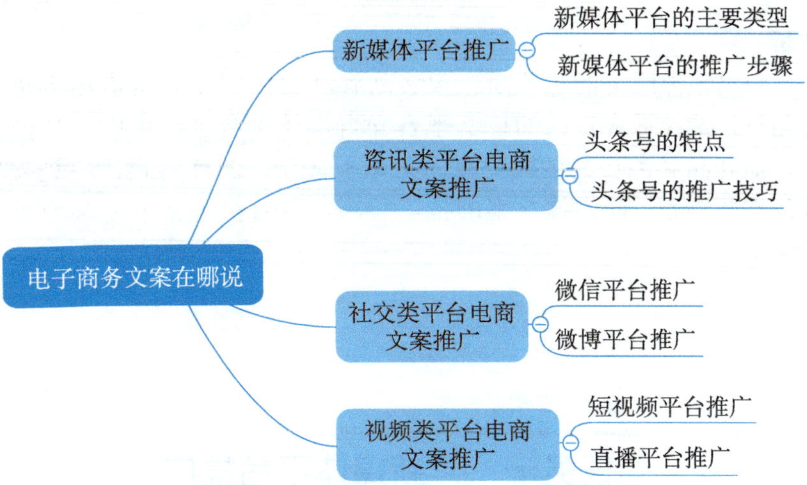

项目引例

地摊经济引爆社交平台

2020年6月初，国家宣布允许一些城市开放地摊经济，鼓励灵活就业。政策一出，一则“城管打电话喊商贩去摆摊”的新闻，直接上了热搜。网友们开始自制摆摊段子，展示脑洞的同时进一步推高了该话题的热度。“人们需要什么，就造什么”的五菱宏光，也通过公众号紧追热点。除了五菱宏光，美团、阿里、腾讯、京东、苏宁等都公布了对地摊经济、小店经济的扶持措施，也顺势给行业添了一把热火。地摊经济概念股持续强势拉升，纷纷涨停。各式各样的广告人狂追热点，一篇《摆摊吧，互联网人》微信文章横空出世，在朋友圈被竞相转发，阅读转发量直线上升。不仅在微信朋友圈，地摊经济在微博上也成为热门话题，更有网友通过各种平台进行内容创作，收获众多粉丝和转发量。

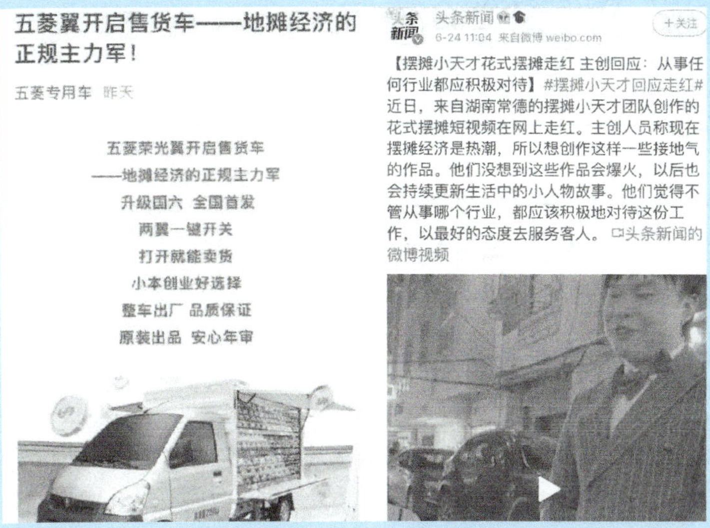

地摊经济引发内容创作与推广

案例分析：

国家推出鼓励地摊经济的政策后，很多品牌和自由创作者紧追热点进行品牌宣传和文案内容创作，选择适合自己的社交平台和自媒体平台进行推广，从而收获话题讨论度和粉丝，提高品牌和自身的曝光度。无论是文字、图片形式，还是视频形式，文案都是内容创作的核心，而掌握文案的推广技巧，也对扩大文案影响力起着举足轻重的作用。

任务一 新媒体平台推广

情景导入

在经过一系统的电子商务文案写作训练之后，小晴对于电子商务文案已经有了一个较全面的了解，也积累了一些写作技巧和心得体会。现在摆在小晴面前的难题是如何把设计好的文案推广给受众，进而达到促进产品销售的目的。小晴决定从新媒体平台的主要类型和推广步骤两个方面来了解和学习文案推广。

任务目标

1. 了解新媒体平台的主要类型。
2. 掌握新媒体平台的推广步骤。

知识储备

无论是传统媒体时代，还是新媒体时代，营销的本质从未改变，只是营销推广的方式或工具发生了变化。随着微博、微信的兴起，微博博文和微信公众号成为营销和创业的热门工具；而自媒体平台的崛起，也点燃了内容电商时代的烈火。

一、新媒体平台的主要类型

由于各企业品牌特色、需求、目标用户特点不同，企业需要根据实际情况选择不同的新媒体平台进行运营推广。新媒体平台的主要类型有资讯类平台、社交类平台和视频类平台。

1. 资讯类平台

资讯内容的主要表现形式有文字、图片、音频、视频等，呈现形式丰富多样。资讯类平台包括头条号、企鹅号、百家号、搜狐号、一点号和 UC 自媒体等，如图 6－1 所示。

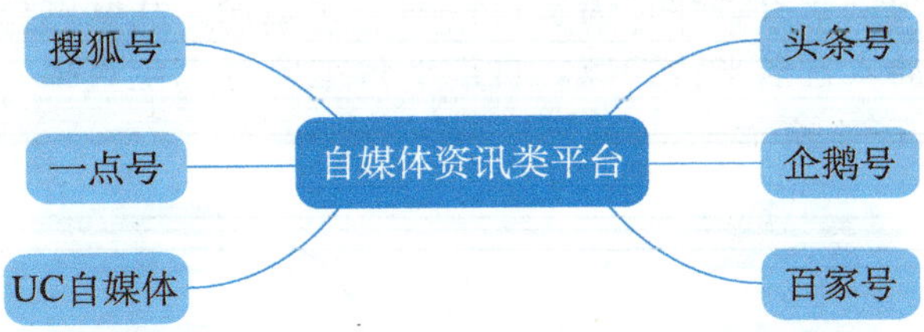

图 6－1　自媒体资讯类平台

2. 社交类平台

社交类平台作为主流的电商推广平台，依靠其强大的社交属性形成裂变营销，从而更好地到达受众，达到提高销量的目的。社交类平台主要有微信、新浪微博和百度贴吧等，如图 6－2 所示。

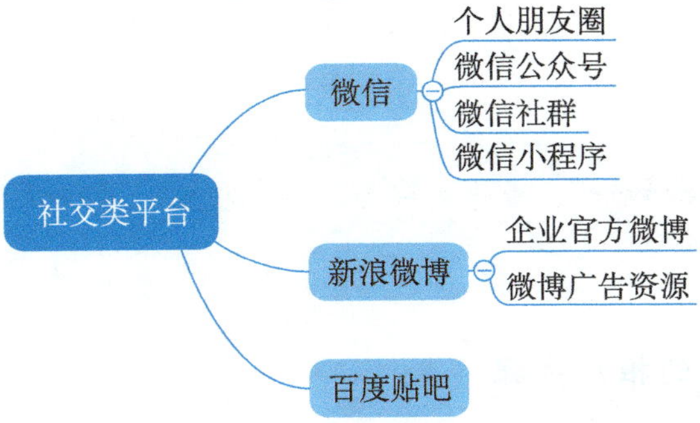

图 6－2　社交类平台

3. 视频类平台

视频类平台主要分为短视频平台和直播平台。短视频平台主要是通过用户打赏、推荐商品获取收益；而直播平台是凭借平台签约获取推荐量以收获粉丝量，最终实现变现，获取收益。

（1）短视频平台。

短视频可以让内容更立体地呈现出来，拥有比文字、图片等内容形式更强的吸引力。对于电子商务文案来说，充分利用各种社交化的短视频平台，可以更好地将文案作品呈现给用户。短视频平台主要有抖音、快手、梨视频、好看视频、西瓜视频和火山小视频等，如图 6－3 所示。

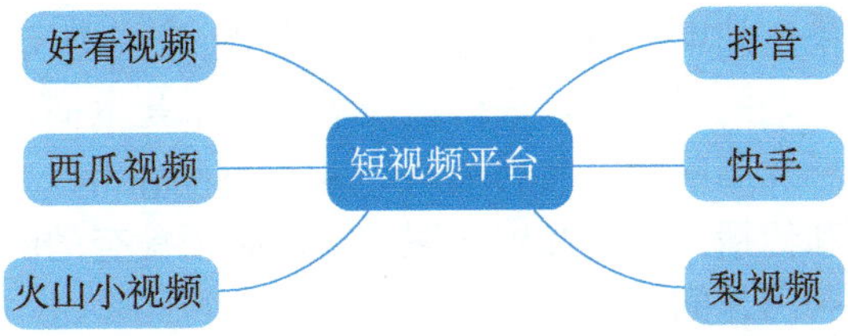

图 6－3　短视频平台

(2) 直播平台。

直播由于其深度、实时、富媒体的展示形式，为用户带来了更丰富、直接、实时的体验。越来越多的商家与创业者选择直播平台作为创业途径。互联网巨头们发现了新的商机和盈利模式，也纷纷涌入直播平台领域。直播平台主要有淘宝直播、微博直播、斗鱼直播和虎牙直播等，如图 6-4 所示。

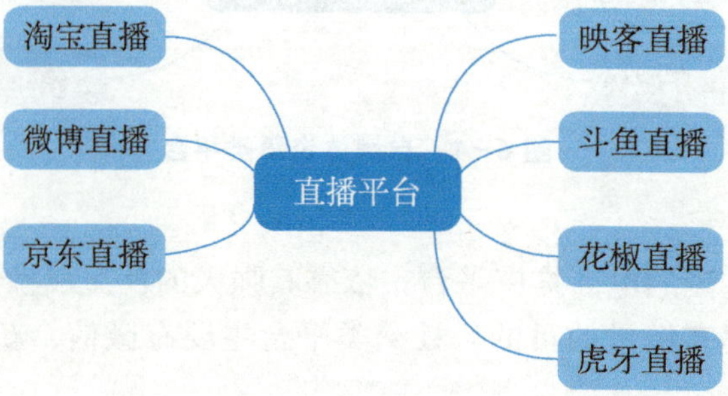

图 6-4 直播平台

【敲黑板】

视频类平台还有优酷视频、爱奇艺视频、腾讯视频、哔哩哔哩（B 站）等，都是电子商务文案推广的阵地。

二、新媒体平台的推广步骤

新媒体的盛行使“粉丝”经济迅速崛起，这种依靠“粉丝”发展的运营方式让许多电商企业和商家纷纷转移战场。下面就从电子商务文案推广前期检查、推广平台的选择和推广文案的发布三个步骤展开介绍。

1. 推广前期检查

不管是销售文案还是品牌文案，文字形式还是图片、视频形式，在文案写作完成后，推广前的检查都必不可少。完善的检查，能够查漏补缺，也能够预知突发情况，防患于未然，让企业及时调整战略，保证文案顺利推广，以达到预期目的。主要检查内容包括以下三个方面：

(1) 文案的写作目的是否明确。

每个文案都有自己的目的，明确文案的写作目的是文案写作的基础。如果是电商销售文案，那么文案有没有给出立刻购买的理由、有没有适当制造紧张感和稀缺感、有没有明确的购买引导，是文案推广前期检查的首要内容。如图 6-5 所示，某珠宝产品文案通过核心卖点的体现和截止日期的紧迫感，来促进销售。如果是电商品牌文案，那么文案有没有遵循品牌文案认知情感发展阶段、品牌情感的融入是否恰当、文案提倡的价值观是否可以促进受众的主动分享和传播，都是品牌文案推广前必须检查的问题。

(2) 文案的结构是否出现问题。

文案的结构包括文案的标题、文案的内容和文案的结尾。首先，文案的标题是读者与文案接触的“第一道门”，容易给读者留下第一印象。文案标题是否足够吸引人将成为决

图 6－5　某珠宝产品销售文案

定读者继续阅读文案与否的关键因素。其次，在标题吸引读者开始阅读这篇文案后，文案内容的连贯性也成为衡量文案写作成功与否的重要标准。如果一篇文案内容缺乏连贯性和逻辑性，让读者不知所云，不能理解文案的内容，就免不了被安上“标题党”的称号。最后，文案的结尾是否自然，是否首尾呼应，能否引导读者做出下单的动作，在文案的最后来一场完美的收官之战，也是对文案写手们功力的考验。

（3）文案的细节是否准确无误。

俗话说“细节之处见真章”，在明确文案目标和完善文案结构之后，文案的细节问题成为写手们关心的头等大事。比如，文案是否存在标点错误、配图是否合适、关键词的植入是否准确、引流的超链接是否正确无误、引流的二维码是否有效、详情页的美工配色是否符合产品的调性等都是需要仔细检查的地方。

2. 推广平台的选择

企业在发布电子商务文案时，选择合适的推广发布平台尤为重要。推广发布平台可以为企业整合平台的资源，是企业对自家品牌和产品进行宣传的一个突破口。选择合适的推广平台，企业宣传可以达到事半功倍的效果。

电子商务文案推广平台及其特点如表 6－1 所示。

表 6－1　电子商务文案推广平台及其特点

平台	特点
微信	有朋友圈和公众号两种主要的推广途径。依托社交关系网的微信平台拥有稳固的关系传播网络
微博	很多的热点、爆点都在微博上进行传播，微博关系网的传播范围更加广泛
小红书	是一个生活方式平台和消费决策入口，女性用户占比大，适合美妆类等产品的推广
知乎 豆瓣	都是问答类平台，主要针对专业性或学习方面的问题进行互动解答。教育机构、留学机构适合在这类平台进行推广
抖音 快手 B 站	具有强互动性、强专业性与高转化率等优势，是很多年轻人的聚集地。如果企业进行视频类文案推广，可以考虑选择这三个平台

赏文案

摆摊吧，互联网人！

2020，重锤出击！
摆地摊，最新风口！
互联网人转行后都适合摆什么样的地摊？
让我们一探究竟！
那些口口声声“互联网人职业生涯短暂”的人，
应该看看你们。
我看着你们，满怀羡慕。
中国人积攒了几千年的劳动结晶，
所有的智慧、技能、小吃和摆摊技巧，
像是专门为你们准备好的新人指南。
夜市繁华，地摊繁华，城市繁华，
现代互联网人的生路，被一步步变成新的出路，
自由选择一个地摊，卖一样技能，
创造一个需求，为自己吆喝。
如果你需要经济的自由、
如果你需要向老板说“不”的勇气、
如果你需要人生的第二个选择……
那么，摆地摊吧！
我们来自五湖四海，却囿于地摊、夜市，与爱。

这篇文章是响应国家政策热点且取得良好宣传效果的优秀文案之一。该文案依托微信公众号平台，抓住新闻热点，仅一天就获得10万+的阅读量。由此可见，正确选择推广平台可以取得事半功倍的推广效果。

3. 推广文案的发布

在对文案进行前期检查和选择好推广平台后，接下来就是文案发布环节。以微信公众号平台的文章发布为例，文案发布需要以下五个步骤：

（1）搜索“微信公众平台”，点击进入官网，登录账号，如图6-6所示。

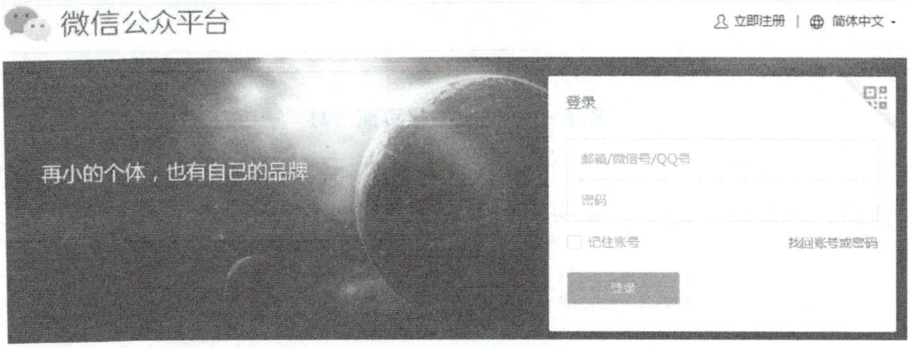

图6-6　账号登录

（2）点击首页下方“新的创作”，撰写公众号文案一般选用“图文消息”，如图6-7所示。

图6-7　新建图文消息

（3）接下来就可以开始编辑内容了。首先输入标题，然后填写作者，再下面一行就是写正文了，文字大小和颜色都是可以设置的，如图6-8所示。

图6-8　图文编辑页面（1）

（4）点击编辑框上方的图片、视频、音频，可分别在文章中插入图片、视频、音频，如图 6－9 所示。

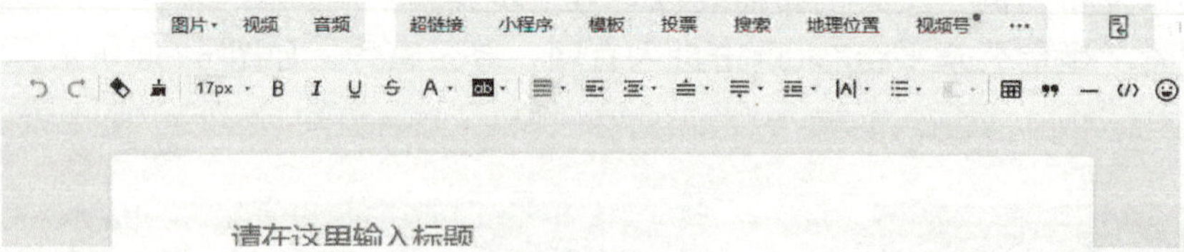

图 6－9　图文编辑页面（2）

（5）文案编辑好后，下拉页面，进行摘要的填写和封面图的编辑。文章的封面可以从图库里面选择，再声明原创保护知识产权，最后就可以选择保存并群发了。如图 6－10 所示。

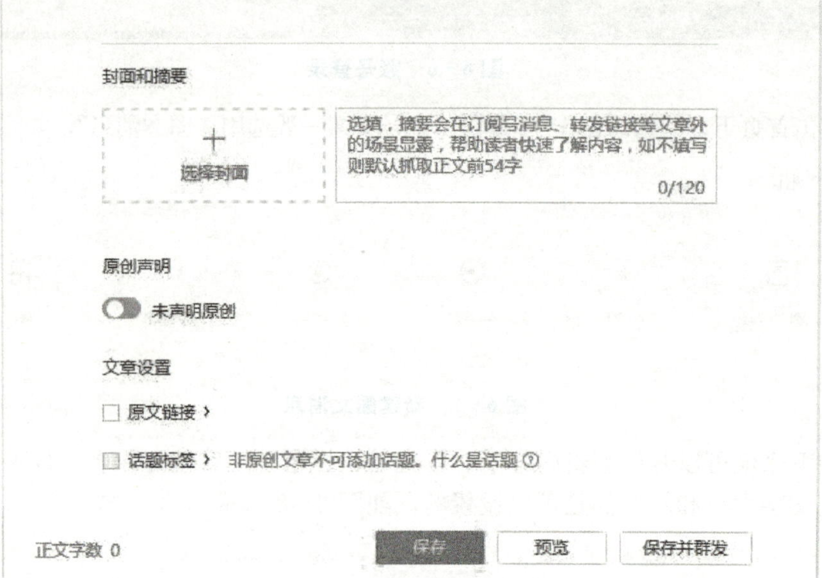

图 6－10　编辑封面和填写摘要页面

小知识

不同的平台有不同的黄金发布时间段，你知道微信公众平台的最佳发布时间是什么时候吗？

早上 8 点半左右：新的一天刚开始，大家在充分休息后，会刷刷微信看看最新的消息，此时人们对信息的灵敏度极高，是企业推送文案的黄金时间段。

上午 11 点半到下午 1 点：此时间段大家进入饭后午休阶段，使用微信的频率及时长大大增加，企业可以抓住时机进行推送，转发率可大大提高。

晚上 8 点到 9 点：这个时间段大家结束了一天辛苦的工作，进入轻松的在家休息状态，通常进行吃饭、散步、刷手机或者看电视等活动，是大家比较容易接受广告推广的时机。

任务实施

一、新媒体平台产品文案推广准备

(1) 小晴目前正准备进行“创意台灯”产品文案的写作，但是面对众多的新媒体平台，她不知道选择哪个平台进行写作推广。请你帮小晴列举不同类型的新媒体平台，填写在表 6-2 中，方便她进行对比选择。

表 6-2 新媒体平台举例

平台类型	举例
资讯类平台	
视频类平台	
社交类平台	

(2) 小晴在挑选新媒体平台进行写作推广之前，要先了解“创意台灯”这款产品的特点和目标消费者的特点，请你帮助小晴进行简要分析，填写表 6-3。

表 6-3 “创意台灯”的产品特点和目标消费者的特点

产品的特点	
产品的亮点	
目标消费者的特点	
目标消费者的痛点	

(3) 在了解了产品和消费者的特点后，请帮小晴从表 6-2 中挑选一个最适合对“创意台灯”进行推广的新媒体平台进行匹配，并从年龄、性别、兴趣爱好、使用习惯等方面简要说明该平台的受众特点，填写表 6-4。

表 6-4 新媒体平台受众分析

新媒体平台名称	
受众年龄	
受众性别	
受众兴趣爱好	
受众使用习惯	

通过分析，请你说明选择该平台进行“创意台灯”文案推广的原因。

____

(4) 阅读优秀文案对文案写作水平的提高非常重要，在选中的平台中，选出你阅读过的两篇关于台灯产品的优秀电子商务文案，分析该文案的成功与正确选择平台是否有关联，并完成表 6-5。

表 6-5 台灯优秀文案分析

文案链接	推广平台	文案优点	文案与平台匹配度分析

二、新媒体平台产品推广文案写作与发布

（1）请你参照表 6－5 中的台灯优秀文案，帮助小晴创作一篇关于“创意台灯”的推广文案。

____

____

____

（2）请你帮助小晴确定文案发布的时间，并说明你选择该时间段的原因。

时间：______________________________________

原因：______________________________________

（3）请你把发布后的文案链接放到下方，并在文案发布后进行跟进。

____

____

任务二 资讯类平台电商文案推广

情景导入

在充分了解了新媒体平台的类型及其特点后，小晴对几大平台的具体推广操作产生了浓厚的兴趣。在打开今日头条 App 时，里面的电商广告文案让小晴跃跃欲试，她决定从资讯类平台的电商文案推广技巧开始学习。

任务目标

1. 了解今日头条平台头条号的特点。
2. 掌握头条号的推广技巧。

知识储备

随着科技的不断发展，各种自媒体平台如雨后春笋般层出不穷。一个信息大爆炸的时代来临了。以头条号、百家号、搜狐号等为首的依靠智能算法分发内容的自媒体平台大量崛起，它们采集记录用户的每一次阅读行为，为用户贴上兴趣标签，并根据用户的兴趣为其推荐内容，深得用户的喜爱。今日头条是使用最为广泛的新媒体运营平台之一，其运营推广的效果不可忽视。2020 年，有 1 566 万名用户首次在头条发布内容，头条创作者共发

布6.5亿条内容，所有内容创作获赞90亿次。所以，众多新媒体运营者都会注册头条号来推广运营自己的产品。本任务以头条号为例介绍资讯类平台电商文案推广的相关知识。

一、头条号的特点

头条号，是今日头条旗下的自媒体平台，致力于帮助企业、机构、媒体和自媒体在移动端获得更多曝光和关注，以期在移动互联网时代持续扩大影响力，同时实现品牌传播和内容变现。它有以下三个特点。

1. 智能推荐

头条号构建了信息价值的智能分发体系，强调信息的来源属性以及传播，通过快速把信息匹配分发到有需要的用户面前，建立信息和用户之间的联系，所以信息的价值在用户面前能够得到最大限度的体现。

2. 传播速度快

头条号目前主要用于信息的发布与浏览，如果坚持打造热点内容，并且在内容中植入品牌的信息，就可以很快让自己的品牌获得可观的浏览量，形成品牌密集输出。

3. 原创保护

内容创作者易被别人恶意抄袭转载，如何维护原创内容、保障原创者的合法权益成了平台重视的问题。头条号拥有独有的消重保护机制，可让创作者摆脱被抄袭的困扰。

4. 体裁形式多样

头条号支持丰富的创作体裁，包括文章、视频、微头条、问答、音频、专栏等形式。

二、头条号的推广技巧

近几年，今日头条用户数量愈加庞大且活跃程度日益升高，因此许多企业在进行品牌或产品推广的时候都格外重视该平台，纷纷注册头条号进行推广。下面介绍三个基本的推广技巧。

1. 提升推荐量与阅读量

今日头条的推荐量是由智能推荐引擎机制决定的，一般含有热点的文章会优先获得推荐，且热点时效性越高，推荐量就越高。因此，文案写手要找到平台上的热点和关键词，提高文案的被推荐量。

小知识

不管是文章、图集还是视频，头条算法机器人一开始都是根据标题和内容进行定向推荐的。建议文案创作时选择定向明确、容易聚焦、用户感兴趣的标题和内容，如果标题太宽泛，机器人无法帮你做精准分发，也就无法找到你的内容对应的目标阅读人群，也就难以实现有效阅读。

2. 擅用问答功能

问答也是通过智能推荐算法将内容推送给用户。用户的阅读、评论等操作行为都会使其推送的内容有差异，从而实现精准推荐。这种“感兴趣”的推荐模式激发了用户的兴趣，大幅度提升了用户黏性。通过问答的方式对电商产品进行引流也不失为一种巧妙的推广方法。

3. 配图得当

封面最好用三张图，三张图的好处是能更大概率地吸引读者的关注。三张配图的封面比一张配图更能吸引读者点击阅读。如图 6－11 所示。

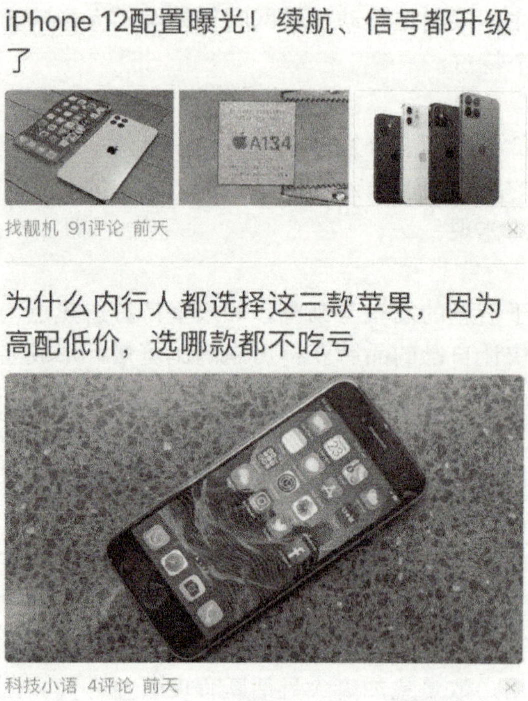

图 6－11 封面三张配图与一张配图效果对比

赏案例

销售家乡农产品获百万粉丝关注

38 岁的甘有琴身后是一片鱼塘，她带着微笑站在镜头前，身穿白色圆领 T 恤，胸口印着一串字母：DSAUN。甘有琴像事先筹划的那样，对着镜头问好：“哈喽！大家好，我叫 9 妹。”在接下来的视频里，“9 妹”便在山野中开始进行今天的美食制作。

这则视频播出后播放量很快便超过 28 万次。这则视频的名称叫作“8 个咸蛋，1 斤猪肉，这次农村美女要搞什么，竟然如此大动干戈?”，这是甘有琴在头条平台上上传的第一个视频。

甘有琴的头条账号名称为“巧妇 9 妹”，这个称呼源自其在家中排行第九，而她又擅长家务、农活，被当地人称为“巧妇”。

虽然当地的不少村民认为甘有琴“不务正业”，还有网友嘲笑她普通话说得不好。但甘有琴并没有放弃，反而依靠着不断更新的视频，推销着家乡的产品。

随着时间的推移，巧妇 9 妹的视频点击量不断上涨，基本上都维持在几十万次以上，其中最高的接近 500 万次。如今，巧妇 9 妹的头条号已经有超过 400 万的粉丝关注量。

任务实施

一、百家号实操

任务背景：除了头条号，百家号也是常见的资讯类平台。百家号是由百度专为内容创作者打造，集创作、发布和变现于一体的内容创作平台。内容创作者在百家号发布的内容会通过百度信息流、百度搜索等分发渠道影响亿万用户。小晴尝试利用该平台推广“创意台灯”的文案。

（1）请你帮助小晴在百家号上注册一个个人账号，将账号信息填在表 6－6 中。

表 6－6 百家号个人信息

账号头像	
账号名称	
账号简介	

（2）账号注册完成后，请你帮助小晴完成“创意台灯”产品文案的发布前准备，填写表 6－7。

表 6－7 百家号文案发布前准备

文案的字数范围	
配图的张数	
标题添加的热门关键词	
文案添加的热门话题	

（3）在完成推广文案准备后，请进行发布，并将文章链接放在下方。

____

二、学习资讯类平台优秀文案的推广技巧

（1）归纳不同资讯类平台上优秀文案的推广技巧。

____

____

（2）头条号上优秀文案的推广技巧有哪些？这些技巧适用于百家号吗？

____

____

（3）请在头条号中搜索热门营销账号，找出你觉得此账号推广效果较好的文章或视频，并归纳其推广技巧。

____

____

任务三 社交类平台电商文案推广

情景导入

小晴现在已经基本掌握了文案的写作技巧，了解了资讯类平台的特征及文案发布步骤。近期，小晴发现社交电商异常火爆，利用社交平台推广文案，营销成本低且效果好。于是她准备选择两个最主流的社交类平台——微信和微博，开展产品推广。她应该怎么做呢？下面我们就跟着小晴一起来学习吧！

任务目标

1. 了解微信和微博电商推广文案的类型和优势。
2. 掌握微信和微博电商推广文案的写作与推广技巧。

知识储备

社交已经成为人类生活中不可或缺的需求。由于网络的迅猛发展，人类社交的手段和工具更是不断更新迭代。当今网络社交平台的两大巨头——微信和微博，为人们的社交生活提供了更加便捷和娱乐化的途径，也成为各商家进行产品推广的首选平台。

一、微信平台推广

随着移动互联网的飞速发展，截至 2020 年 6 月 30 日，微信及 WeChat 的合并月活跃账户数已达 12.06 亿，同比增长 6.5%。作为当今最流行的移动互联网入口之一，微信成为许多电商品牌运营移动电子商务的主要选择。随着微信公众号的井喷式增长，以及微信朋友圈信息流广告的大增，微信已不仅仅是简单的通信社交工具，也成为企业及电商品牌争抢的优质电商运营推广平台。

1. 微信平台电商推广文案的优势

（1）成本低廉。

电商品牌的推广需要进行大量的促销活动及宣传，也就需要投入大量的人力、物力和财力，而微信具备活动推广费用低廉、月活跃用户数庞大、用户平均每日使用微信时间占比大等优点，商家选用微信平台进行推广宣传，可以节省营销推广成本和服务运营成本。

（2）精准营销。

不同于微博的开放性，微信营销的最大特点在于只有关注者才可以看到你发送的信息。例如微信群，只有入群的账户才可以收到消息；朋友圈，只有微信好友间才可以看到；公众号的文章，也只有订阅者才可以第一时间收到推广。这有利于微信平台进行营销推广，有利于商家进行后台数据的统计、管理，实现更精准的客户定位，达到精准营销的目的。

（3）传播效果好。

微信具有即时通信的强大功能，方便商家直接与消费者进行沟通联系，直接回复每一个消费者提出的问题。如果是通过公众号进行的推广，当消费者看到感兴趣的内容时还会主动将其分享到自己的朋友圈和微信群，这就使单一的受众变成了新传播的主体，形成多次裂变传播的优质传播效果。

2. 微信平台电商推广文案的类型

（1）朋友圈。

朋友圈是微信平台电商推广文案的重要形式，它通过分享趣味性的内容、社会热点、个人感悟、咨询求助和专业知识等内容进行营销推广。朋友圈的推广形式包括朋友圈信息流广告（见图 6 - 12）和朋友圈微商广告。

图 6 - 12　朋友圈信息流广告

（2）公众号。

公众号是目前微信营销的主战场，包括订阅号、服务号、企业号和小程序。其中最常用的是订阅号和服务号。公众号中的文案写手一般是企业专职聘用的人员，需要具备专业的文案策划与撰写能力。通过公众号，商家可在微信平台上实现和特定群体的文字、图片、语音和视频的全方位沟通与互动。

3. 朋友圈文案的写作与推广技巧

微信朋友圈是一个可以随时发表自己的动态、心情、图片和分享链接的地方，人们很喜欢在闲暇时刷朋友圈，看看自己的朋友们在做什么。在朋友圈里进行产品推广之前，要先研究朋友圈的两个特性。

（1）朋友圈的特性。

1）信任关系。很多朋友圈零经验文案写手刚开始在朋友圈推广时，由于微信列表几乎都是自己的亲朋好友、同学同事，所以面对的第一批潜在对象就是具有“强关系”的微信关系网。这张关系网最大的特征就是靠强大的信任关系维系。这是社交平台的力量，也是亲朋支持和信任的力量，你的社交关系链其实也是你的传播链。

2）圈层关系。俗话说“物以类聚，人以群分”，某一朋友圈里的人往往具有共同爱好或共同经历，这也是朋友圈推广的价值所在。想要通过朋友圈提升销售业绩，就需要对现有的通讯录好友进行精准的分析定位：哪些是朋友、家人？哪些是你的客户？进而对他们的消费习惯、消费偏好、购买方式进行精准细分。

小知识

对于电商推广文案新写手来说，选择依托信任关系进行推广，需要注意以下四点：

第一，不要害怕朋友屏蔽你。既然选择依托信任关系进行文案推广，那么第一步就是克服自己的恐惧心理。当自己面对其他微信朋友发布的推广信息时，难免会做出屏蔽对方朋友圈的动作。这个过程刚好是一个筛选潜在客户的过程，最终留下的才是你可以精准推广的对象。

第二，分析被屏蔽的理由。推广信息是否经常刷屏？推广文案是否语言浮夸？是否选择了错误的时间段进行推广？朋友圈是否除了广告没有生活气息？充分分析被屏蔽的理由，写手们就可以避免重蹈覆辙。

第三，专注于某一类产品，且这类产品是你的潜在客户所需要的。产品的跨度不宜太大，否则容易失去专业性，对于自己不熟悉的产品也很难把握产品的质量。

第四，多与客户进行互动。思考别人为什么不转发、评论你的信息的时候，要先想想自己有没有用心转发、评论他们朋友圈的信息，多与客户进行互动是客户维护的重要环节。

（2）朋友圈文案写作技巧。

文案的写作技巧，在本书前文已有介绍。针对朋友圈的特点，朋友圈推广文案的写作技巧主要有以下三方面需要注意：

1）换位思考。朋友圈写作需要站在受众的角度去思考他们喜欢什么、反感什么，才能写出符合受众口味的文案。因此文案人员在写好文案后，可以采用换位思考的方式，想一想假如自己是受众，看到这条朋友圈文案后是什么感觉，并据此进行修改。

2）尽量精简。朋友圈文案应尽量精简，保持在 120 字以内比较合适。文字太长会被折叠，被看完的可能性比较低。如图 6 - 13 所示，由于文案不够精简导致被折叠，最重要的信息无法使受众一眼看全。

3）图文结合。在写作时要注重图文结合，商家提供的产品直销图要少用或偶尔使用，最好提供自己的实拍图，这样会显得更加真实。图片数量安排得当，尽量不要留白，也不要九宫格全部填满，给受众造成刷屏的错觉。

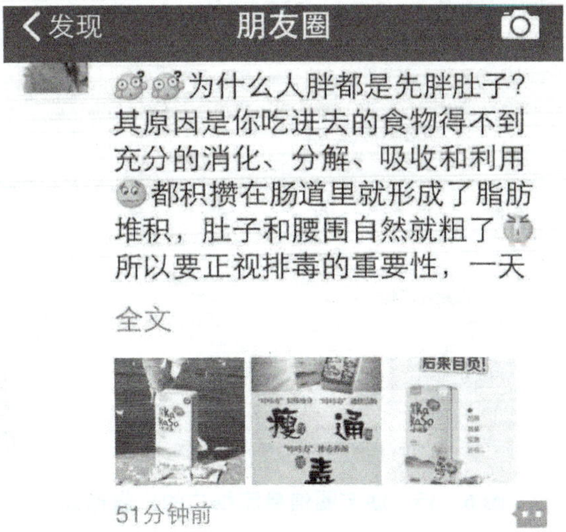

图 6-13　某微商的朋友圈文案

（3）朋友圈文案推广技巧。

朋友圈文案如何推广，是电商文案写手最关心的问题之一。以下从直接推广、分享生活和情感、分享产品信息、分享专业知识和展示评价五大方面来分析。

1）直接推广。直接推广也称朋友圈信息流广告，即直接在朋友圈中进行产品或品牌推广。它不需要太多复杂的写作技巧，直接以产品介绍及促销信息刷“存在感”来达到增加客流量的目的，如图 6-14 所示。电商文案写手使用微信本地推广需要提供营业执照，已认证的公众号才可以开通广告主。开通了朋友圈广告，选择合适的广告形式（如图 6-15 所示），即可开通直接推广。

图 6-14　某手机品牌的朋友圈推广

2）分享生活和情感。朋友圈文案之所以经常被屏蔽，很大程度上是因为文案写手频繁地发布生硬的推广广告。写手们可以适当地在朋友圈中分享自己生活中的幸福时光和趣事，分享自己的情感，增加朋友圈的生活气息，营造舒适的产品推广氛围，如图 6-16 所示。

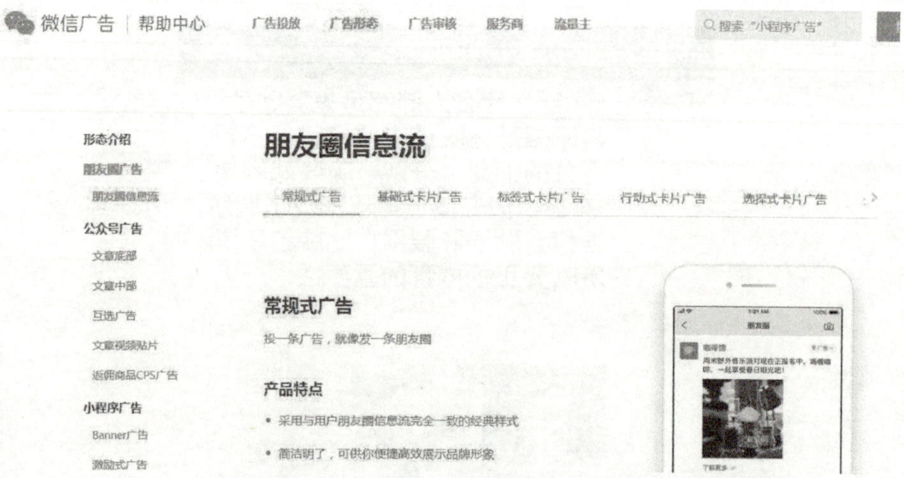

图 6-15　朋友圈信息流推广的广告形式

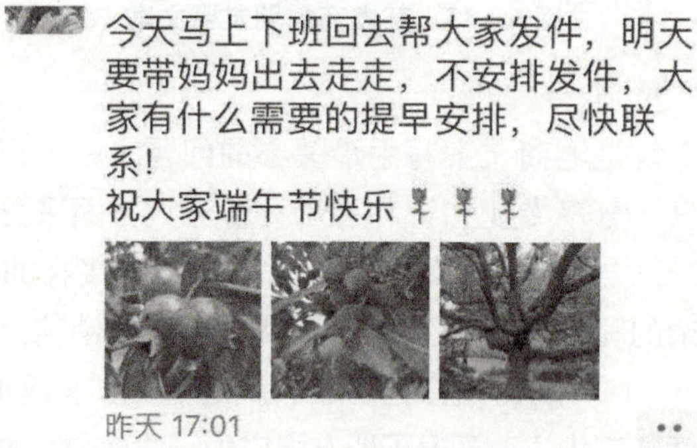

图 6-16　在朋友圈分享生活

3）分享产品信息。频繁发布生硬广告容易造成朋友圈用户的反感，但适当地在朋友圈中晒一晒产品上新信息、产品详情信息、促销活动、发货情况等内容，可以刺激一些潜在受众产生购买的冲动。发布频率为一天一到两次或两天一次为最佳。如图 6-17 所示。

图 6-17　在朋友圈分享产品信息

4）分享专业知识。作为一个在朋友圈进行产品推广的电商文案人员，需要有非常专业的产品知识。文案人员通过在朋友圈分享关于产品的专业知识，比如使用说明、功能效用等，可以体现本身的专业性，也可以增加产品曝光度，为产品创造潜在的购买机会，如图 6－18 所示。

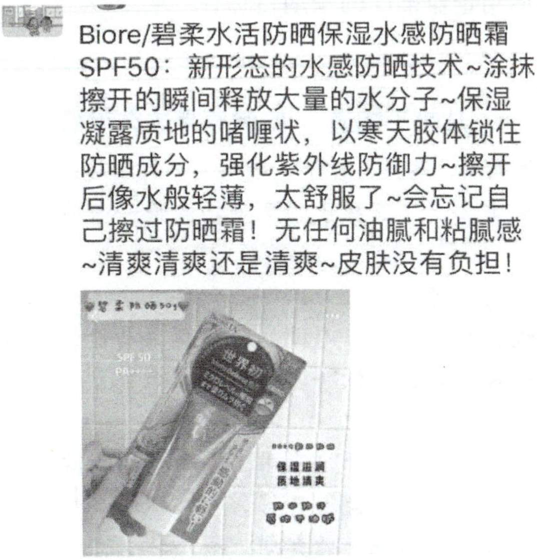

图 6－18　分享专业知识的朋友圈文案

5）展示评价。当客户使用产品之后，假如得到客户的正向反馈，那么展示反馈图也是推广的方式之一。这种偶尔的正向反馈评价可以增强其他潜在客户的信任感，如图 6－19 所示。

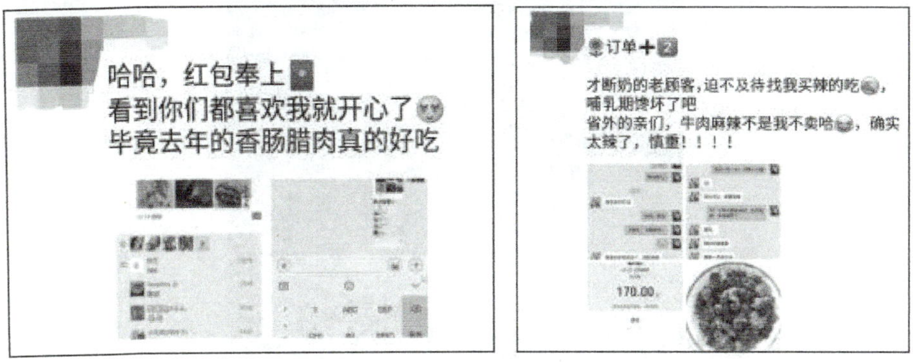

图 6－19　展示评价的朋友圈文案

4. 公众号推广文案的写作与推广技巧

（1）公众号推广文案的写作技巧。

微信公众号是目前电商企业微信内容营销推广的重要战场。公众号通过群发推送、自动回复及一对一交流三种方式向用户传递信息。公众号推广文案主要有以下三大写作技巧：

1）吸引读者点进去。微信文案的封面图和标题是吸引读者点击阅读文章的第一动力。无论是订阅号入口还是朋友圈入口，封面图和标题都是读者在几秒之内判断一篇文案是否值得点击阅读的“胜负手”。因此，文案创作者要重视封面缩略图的设计和标题的设计。

封面缩略图是对微信文案的简要说明和概括，具有创意和视觉冲击力强的缩略图可以快速吸引用户的注意力，使其产生进一步点开阅读的欲望。同样，优秀的标题设计也有相同的作用。

2）抓住读者读下去。文案写手通过标题及封面图的简要概括吸引读者点击后，正文的知识性、趣味性、有效性才是抓住读者读下去的原因。提高正文写作水平，能够让用户阅读完整的文案信息，达到企业推广的预期目标。

赏文案

从来不知道，吃醋原来这么幸福

这阵子，我泡了很多果酒，荔枝、杏子、杨梅……封印起来，等着几个月后当个“酒鬼”。

但考虑到不喝酒的女生，以及有孩子的家庭，我便一直在琢磨做些无酒精的，比如泡果醋的方子。

要说果醋的好处，可太多了。

它含有丰富的有机酸、氨基酸，可以提高肝脏解毒功能，能促进新陈代谢，还能抗氧化，软化血管……可以说是夏日最强饮料。

今天，来一杯我最喜欢的山楂醋吧。

今天开始封印，半个月后就可以开启享用了。山楂的果香味融进了醋汁，又中和了冰糖的甜，开罐就分泌口水，抿一口就大大开胃。

顺着冰凉的气儿痛快喝下，满肚子的爽朗。

用美妙的酸味，治愈你的苦夏吧。

干杯！

这篇电商文案推广的产品是山楂醋，结合盛夏时节人们想要喝清凉开胃的饮料的需求，加上产品的专业介绍，三言两语养生饮品的气息就浮现出来了。文章中还有不少配图，令人倍感清凉，文案最后附上产品的推广链接，让人忍不住下单购买。

小知识

公众号文章除内容精彩、布局合理等因素之外，还有一个重要的因素可以吸引读者读下去，那就是文章的排版。精美细腻的文章排版，能够提高读者继续阅读的概率。文案写手们可以使用135编辑器、365编辑器、秀米编辑器等排版网站来美化自己的文章。

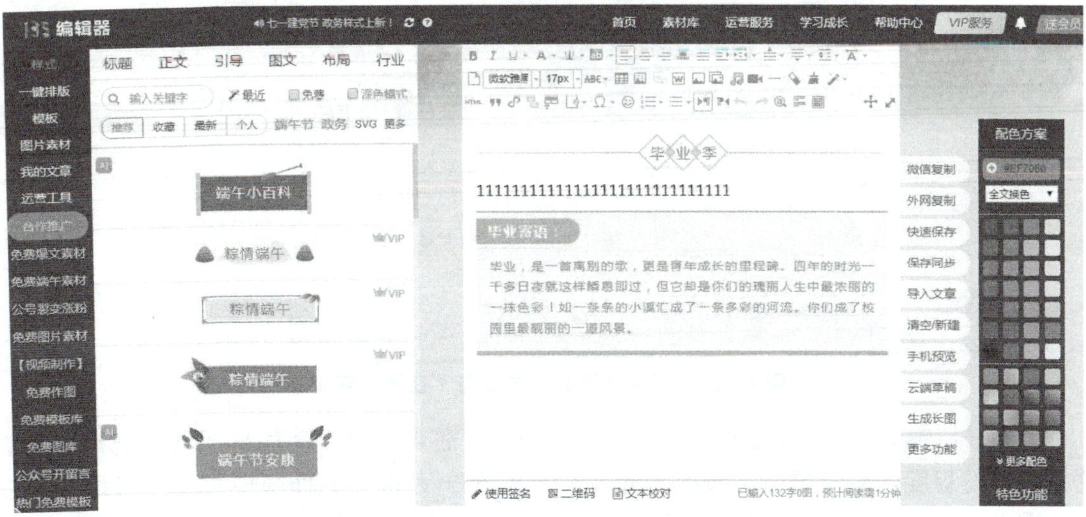

135编辑器主页

3）鼓励读者转出去。通常来说，文案内容有用、有趣、有启发，用户就会阅读、点赞、收藏并转发。文案写手们可以参照微博互动的方法，通过设置互动话题、互动活动、转发集赞、抽奖投票等方法进行微信文案的推广。

（2）公众号文案的推广技巧。

公众号文案撰写完成后，需要进行文案推广，以便达到增加曝光量、提高销售业绩的目标。公众号文案推广有以下六个技巧：

1）结尾引流推广。结尾处引流是最直接的文案推广技巧，通过此方法可以为用户提供便利的购买渠道，提高购买转化率。常见的结尾引流方法有：放公众号二维码图片、贴关联社交账号名称、附产品购买链接，或引导点击“阅读原文”与“在看”等。

图6-20所示为文章的结尾附上正文介绍的饮品的链接，引导读者点击链接跳转到自家的微店小程序直接下单购买，方便快捷。图6-21所示为结尾处引导点击“阅读原文”导流到自己的小商城进行购买，并引导用户点击“在看”增加文章的曝光量。

图6-20　结尾链接导流

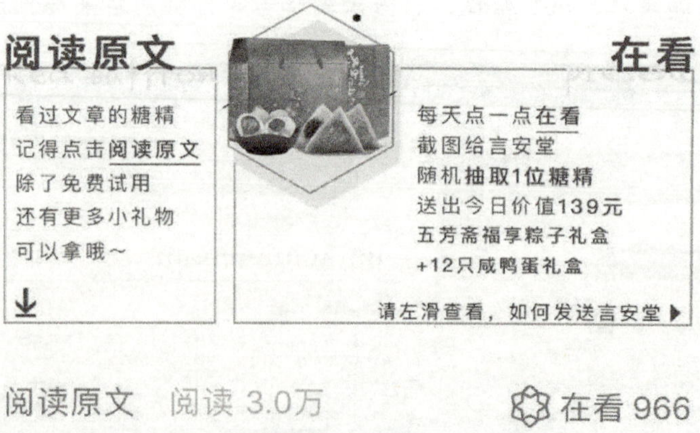

图 6-21 “阅读原文”导流与“在看”曝光

2）互动优惠活动。利用用户贪图优惠的心理，适当设置互动优惠活动，既可以提高受众的参与程度，又能增加文案的曝光度，也能在一定程度上提高销售量，可谓一举三得。图 6-22 所示为在“在看”列表中进行抽奖，大大增加了读者点击“在看”的次数。图 6-23 所示为作者不仅提供了二维码引流，引导读者点击“在看”，还设置了抽奖链接。

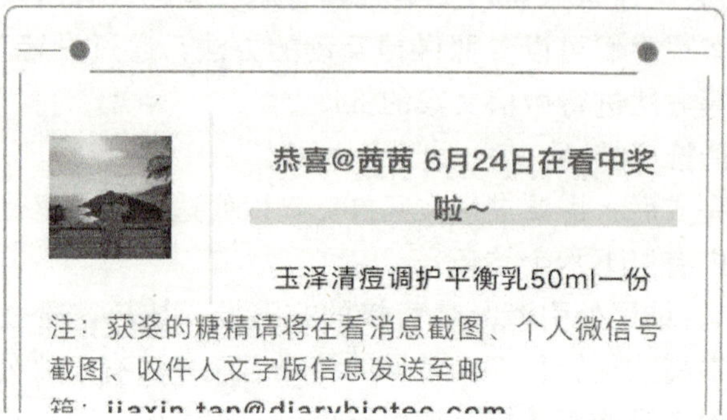

图 6-22 “在看”抽奖活动

图 6-23 链接抽奖活动

3）专家抱团。如果想要增加文案的曝光度，专家抱团法也不失为一种好方法。专家抱团的推广方式可以起到互相推荐、互相背书、树立专业度的作用。不同公众号主体的粉丝群可能不同，但是也存在一些交叉。通过互推的方式，不仅可以提高文案的传播度，更可以为双方增加不少潜在的粉丝。

4）巧借热点。借势热点是营销推广界一个永不过时的话题。新闻热点、节日等自带超级传播属性，适当借势热点，把关键词融入文案中，能够为文案吸引更多阅读者，当然也可以增加用户下单购买的概率。如图 6－24 所示，这篇文案标题借势某综艺节目，大大提高了点击率。

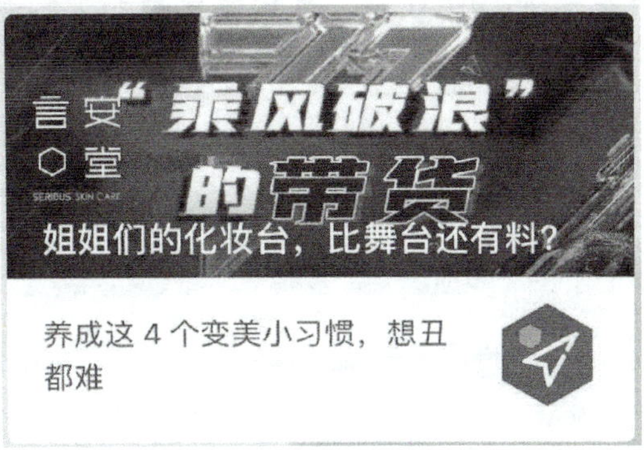

图 6－24　借势综艺节目

5）善用回复。公众号虽然没有即时通信功能，但可以在留言区与读者进行互动，增加亲近感，提高读者评论的积极性。比如，可以在一条点赞数多的评论下方回复“点个在看哦”，相信很多读者不会拒绝这样的一次举手之劳。

6）制作 H5。生动有趣是吸引读者自动传播的又一大利器。H5 文案因为其良好的互动性、操作的便捷性和内容的丰富性被广大商家和企业青睐，成为文案推广的一种有效手段。如图 6－25 所示。

图 6－25　某网上公益活动 H5

小知识

H5 就是人们常说的 HTML 5（Hyper Text Markup Language 5）的简称，是目前网络上应用非常广泛的语言，也是构成网页文档的主要语言。在微信的大力支持之下，HTML 5 网页作为一种营销形式被广泛应用，目前 H5 已成为微信 HTML 5 网页的专有名词。常见的 H5 类型包括幻灯片放映型、交互型、游戏型、测试和答题型、提交表单型以及功能型六种。但无论 H5 的形式怎样变化，都离不开文案的呈现，可以说文案是 H5 的灵魂。

简单的 H5 的制作并非难事。MAKA、易企秀等网站专门提供个性化 H5 制作的模板，让你掌握 H5 制作技巧。

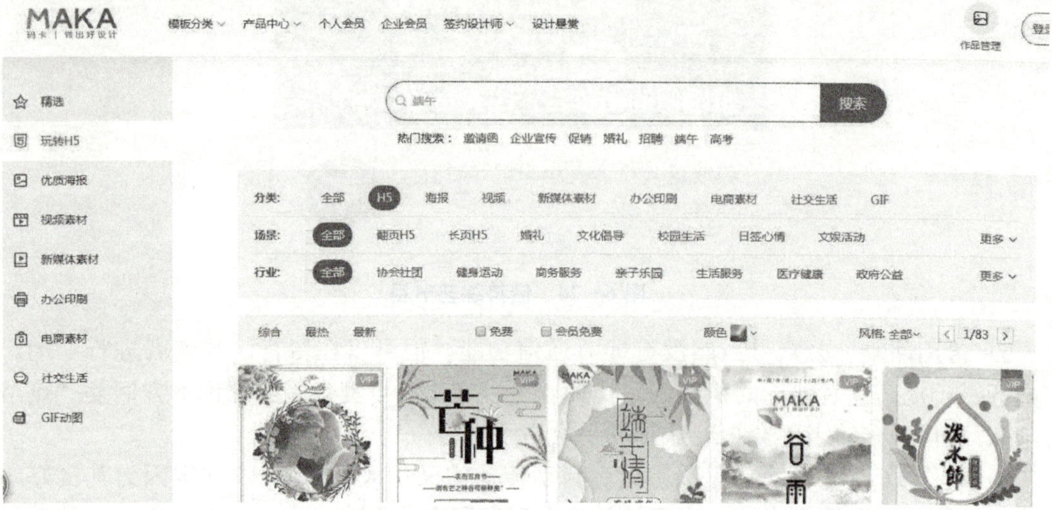

MAKA 网站主页

二、微博平台推广

微博（Weibo）是微型博客（Micro Blog）的简称，是一个基于社交关系进行简短信息获取、分享与传播的广播式社交网络平台，属于博客的一种。目前的主流微博平台是新浪微博，它作为当今最受欢迎的社交平台之一，在线注册的用户类别非常广泛。截至 2020 年 3 月，新浪微博的月活跃用户达到 5.5 亿，平均日活跃用户数为 2.41 亿。针对微博平台庞大的用户量进行营销可以收到显著的效果。随着微博营销能力的凸显，许多企业和电商品牌都把微博这个平台当成电商运营推广的重要战场。因此，掌握微博平台的推广方法对电商企业显得尤为重要，学会撰写微博文案进行微博平台推广对文案写手来说也成为一项不可或缺的能力。

1. 微博账号的类型

（1）个人微博。

个人微博是新浪微博中数量最大的部分，可以分为知名人士、不同领域的专家、企业创始人、高管、草根、营销号、“网红达人”、大众用户等类型。一般来说，个人微博营销基于个人本身的知名度，通过发布有价值的信息吸引粉丝关注，通过扩大个人的影响力，达到营销效果。其中，部分企业高管、名人的个人微博通常还会配合企业或团队微博形成影响链条，扩大企业和品牌的影响力。

（2）企业品牌微博。

很多企业和品牌店铺都有自己的官方微博，运营效果也较好。企业微博往往形成矩阵式经营的模式——企业领导人微博、高管微博、官方微博、产品微博及店铺微博相结合，同时与知名人士建立商业合作关系，实现个人微博和企业微博相互呼应，形成裂变式传播。

（3）政务微博。

微博对于电子政务可谓影响深远，传统的信息管理方式已经跟不上时代的发展，微博对于实现政府信息透明起着积极作用。凭借强大的舆论影响力，微博也成为群众对党政机关和公职人员进行监督的利器。

（4）组织机构微博。

很多组织机构特别是各大高校纷纷开设官方微博，传播信息、增进沟通，发挥着扩音器和凝聚节点的作用。这类微博在教育教学、危机公关等方面也有所助益，成为组织机构和大众之间的沟通纽带与桥梁，也成为组织机构对外宣传的工具。

（5）其他微博。

此类微博比较庞杂，不便分类。如新电影上映会开一个微博，企业要举办某个重要活动也可能会单独开一个微博。这类微博，有一定的时效性。通常来说，过了上映期或者是活动发布期，这个微博就会冷下去，但发挥的作用不容小觑。

2. 微博文案的特点

微博具有发布信息便捷、信息传播速度快等特点，用户在信息获取方面具有很强的自主性与选择性。微博已经成为受众生活、娱乐的重要组成部分，同时也是企业营销的重要场所。微博文案有以下三大特点：

（1）微博内容简短，利于阅读。

虽说现在也可以发布长微博，不过大部分博主及用户还是偏爱写短微博。因此，写作微博文案时，文案人员切记不要大量堆砌文字，文案最好短小精简、言简意赅、通俗易懂，用浅显直白的文字来表述文案要传达的意思，让人一目了然。

（2）微博的传播力强，人人都是传播信息的媒介。

微博内容只要经稍有影响力的博主转发，瞬间就能引发裂变传播，信息可以在短时间内传遍全国各地。文案人员进行文案写作及推广时需充分把握消费者的心理，促使他们进行转发传播。

（3）微博互动性强。

微博是一个开放的平台，用户可以在任何微博内容下面发表自己的观点（除非博主限制评论）。如果发布的文案具有很强的互动性，就能引起受众的参与兴趣，使其通过参与获得成就感并成为你的忠实“粉丝”，这将有助于增强文案的后续转化率。如图 6－26 所示，一家淘宝网店店主发布的“每天不定期翻牌”微博文案，此微博通过引导“粉丝”留言评论，获得上万条留言，极大增加了店铺的曝光率。

3. 微博短文案的写作与推广技巧

移动互联网时代，信息充斥着人们的生活。营销人员想尽办法吸引人们的眼球，占领人们碎片化的时间。而微博作为一个快资讯、形式多样化的平台，用户在刷微博时习惯快速阅

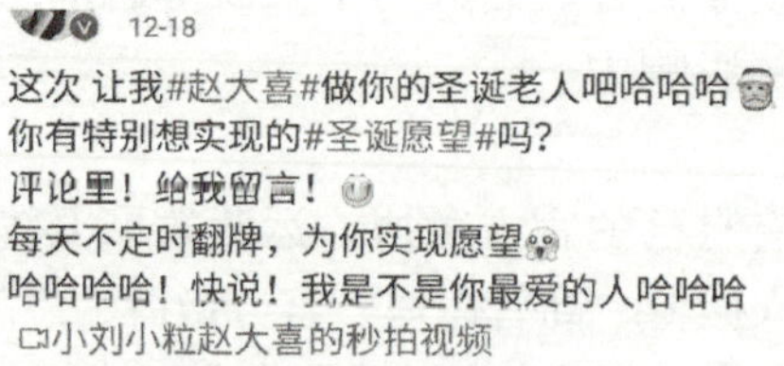

图 6－26　互动微博文案

读短篇内容，迅速抓取自己所需要的信息。微博文案常常以短文案的形式出现，即 140 字左右的文案并配图片或者视频，详细的营销推广信息借助配图或者视频展示。短文案的吸引力是决定消费者是否会点击观看的关键因素，其写作与推广技巧如下：

【敲黑板】

微博的发布字数在 2 000 字以内皆可，但根据微博平台的特点及用户的习惯，除发布头条文章外，最好将文案的字数控制在 140 字以内。

（1）借势热点话题。

微博热搜一直是微博受众关注的焦点，借助热门话题进行文案编写是微博文案人员常用的一种写作方式。微博文案编写时应注重文案与热点话题之间的自然联动，切忌生硬牵强，切忌挑战公众道德底线。

赏文案

索契奥运“五环变四环”微博热点话题营销文案

北京时间 2014 年 2 月 8 日凌晨，第 22 届冬季奥运会开幕式在俄罗斯索契的菲施特奥林匹克体育场举行。开幕式上呈现奥运五环的方式非常独特，五环由雪花慢慢转化而来，从空中飘落。不过在这一关键环节却出现了重大的“乌龙”，现场有一片雪花未能转变，于是便出现了奥运五环变成“四环”的一幕。微博上，各企业纷纷借机展开事件营销。红牛、碧浪、雪花啤酒、茅台、安居客、兰芝、美的电器、TCL、阿里云、小米、淘宝、奥迪都陆续策划了＃五环变四环＃营销文案，“一环接一环，根本停不下来”，各位觉得哪个更有创意，略胜一筹？

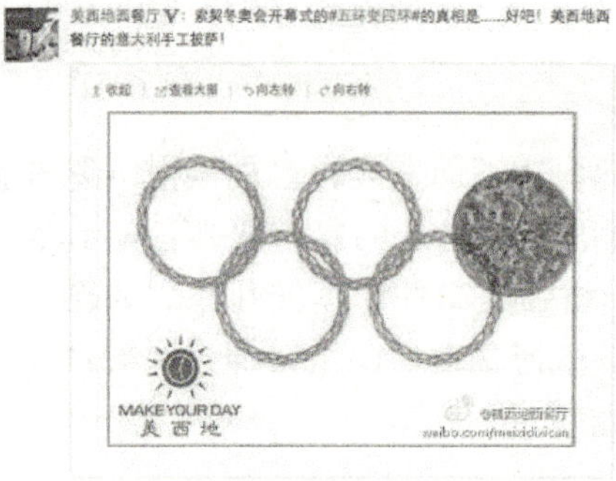

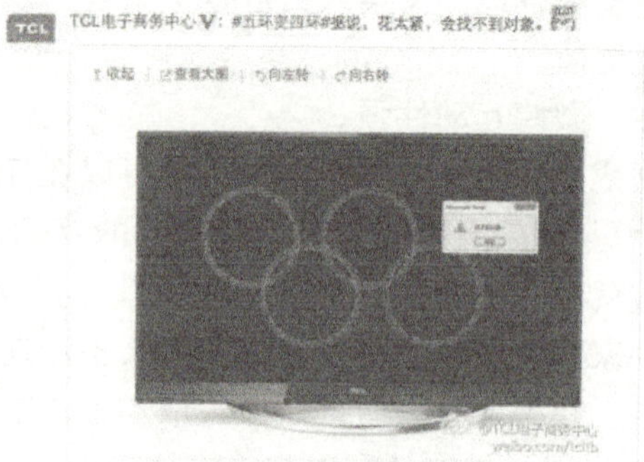

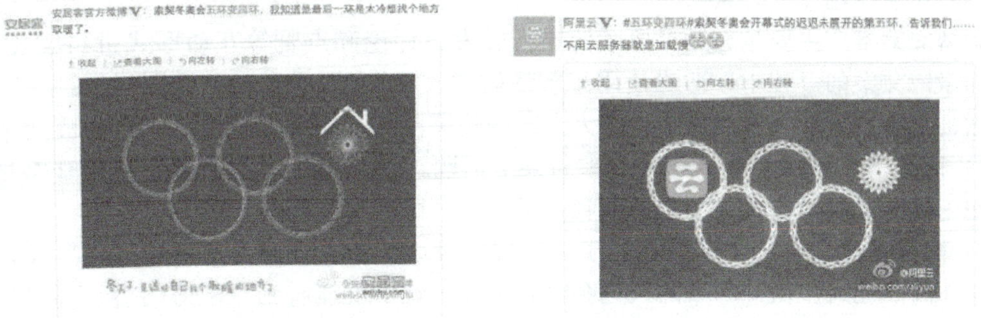

话题营销微博文案

（2）关联营销。

关联营销就是品牌在为自己撰写宣传或推广文案时，同时与微博上的其他品牌账号进行关联合作，并生成话题，以此引起受众的关注与兴趣。如图 6－27 所示，某家电品牌微博生成话题＃一路相伴，感恩有您＃并发布文案，其他企业品牌紧跟其后带上话题进行账号互动。

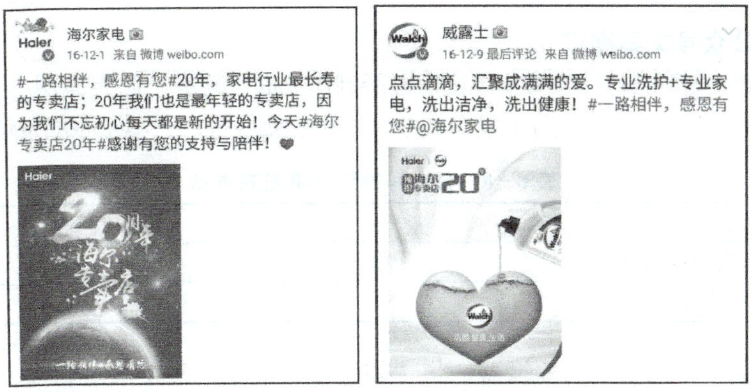

图 6－27　关联营销微博文案

（3）产品体验分享。

产品体验分享是近几年"网红"经济兴起之后在各大平台涌现的一种营销推广变现的方法。"网红达人"或者普通人通过分享产品使用体验，以"现身说法"的形式使产品得到更多消费者的青睐，如图 6－28 所示。其他购物分享、打卡分享等也是类似的营销方法。

6-8 22:20 来自微博 weibo.com
现在这天气，干敏皮出门一分钟，回来变"关公"。
干纹、粗糙、暗沉也会随之而来
正好前阵子收到了一款实测补水退红都很可的精华水
25岁左右的干皮敏皮来认亲！水光肌指日可待！
#精华##潮流趋势大赏#
俊平大魔王的秒拍视频

图 6－28　产品体验分享微博文案

（4）灵活运用“三要素”。

微博文案推广主要是通过对原微博进行转发、评论和点赞等互动形式进行文案传播。在创作微博文案的过程中，适当使用添加话题“# #”、账号互动“@”、链接三个要素，可以增加文案被受众查看的概率，扩大文案的传播范围，提高文案推广营销的成功率。

1）话题“# #”。“# #”代表参与某个话题。在文案中添加话题，可以让微博自动与话题连接，让微博被更多用户搜索到，可以提高微博文案的曝光度。

2）账号互动“@”。“@”相当于一个传送带，任何人在微博都可以“@”关注的人或未关注的其他人。被“@”的人将会收到通知，点击就能看到原微博内容。在微博文案中应至少添加一个“粉丝”数比较多的微博用户，幸运的话他会和粉丝分享。这种账号互动常见于品牌之间的商业合作。

3）链接。若将链接放置在微博文案中，不仅能丰富文案的形式，还有利于提高文案的转化率，链接包括网址链接、产品页面链接、文章链接和视频链接。在文案中放置热门链接可以引起受众的兴趣，促使受众点击查看你的更多信息。

任务实施

一、微信公众号文案推广

（1）小晴的“创意台灯”文案主体内容已经制作完成，现在小晴将运用本项目中学习的公众号文案推广技巧，在微信公众号上发布文案。请将公众号推广文案发布准备填在表 6-8 中。

表 6-8 公众号推广文案发布准备

文案标题添加的关键词	
文案结尾设置的引流方式	
文案的优惠活动方式	

（2）运用文中介绍的 135 编辑器，将“创意台灯”的文案排版进行美化，优化推广效果。请把美化后的文章截图放到下方。

（3）利用易企秀平台，为“创意台灯”文案制作一份 H5 作为推广文案的辅助，请把完成后的 H5 二维码放到下方。

二、微博文案推广

（1）小晴将运用本项目中学习的微博文案推广技巧，在新浪微博上发布文案。请将微博推广文案发布准备填写在表 6-9 中。

表 6-9 微博推广文案发布准备

微博文案字数	
文案带的热点话题# #	
文案带的相关账号@	
文案带的链接	
文案配图或者视频	

（2）在新浪微博平台发布“创意台灯”产品文案后，请把发布后的链接放到下方。

____

（3）你觉得这篇推广文案有哪些可改进之处？提出你的建议。

____

____

任务四 视频类平台电商文案推广

情景导入

小晴终于进入了电商文案学习之路的最后一站——视频类平台电商文案的推广。刷着短视频、观看购物直播进行下单购买，已成为当下很多消费者的网购方式，甚至有人提出视频类营销推广才是电商文案未来的发展方向。那么现在我们就和小晴一起来学习视频类平台电商文案推广的相关知识吧。

任务目标

1. 了解短视频和直播的定义和优势。
2. 掌握短视频平台和直播平台电商文案推广技巧。

知识储备

国家网络基础设施建设的不断完善、4G 网络的普及和 5G 网络的兴起，为用户浏览视频类平台提供了更为流畅的观看体验，也使网络购物方式和入口从单纯的页面浏览蜕变为视频内点击和直播间点击。短视频和直播已成为电子商务的另一个风口，万千商家都在如火如荼地开展短视频平台推广和直播平台推广。

一、短视频平台推广

1. 短视频的定义

短视频就是短片视频，是互联网内容传播的一种方式，一般指在互联网新媒体上传播的时长在 5 分钟以内的视频。利用短视频进行电商产品推广，可以从商品的功能、属性、场景、品牌效应等多个方面突出商品的卖点，通过特效包装、渲染，提升自身的价值，让受众充分了解商品的优势，激发受众浏览、下单的兴趣，促进商品的成交转化。短视频比图文更生动形象、包含的内容更多，充分利用了人们的碎片化时间，能够加深人们对商品的认知，从而产生了更高的价值。

2. 短视频文案的类型与推广技巧

短视频文案应该如何写才能达到良好的推广效果呢？下面分享三种类型短视频文案的写作推广技巧。

（1）议论文式。

此方法适合做 vlog、个人分享类的视频。在文案标题或者开头抛出论点或者问题，设置悬念，让人忍不住想往下看找到答案。通过标题或者开头的一句简短的论点帮文案人员精准筛选目标受众，吸引受众的注意力，留住感兴趣的受众，达到精准推广的效果。接着中间通过讲故事，结合自己的亲身经历陈述事实，并在文案里面多用数字加深印象。最后文案的结尾表达自己的观点，引起共鸣。

议论文式是最为常见也最为容易上手的一种文案写作推广方式。例如，标题和开头抛出问题“如何正确科学去黑头呢?”，引起受众注意；中间穿插分享自己的知识经验，并用数字总结加深印象，如“推荐的去黑头成分有三种”等；结尾摆明观点“黑头其实不用去得太干净”。此分享类短视频文案简明扼要、引人注意，既分享了受众需要的护肤知识，又不忘自身推广：“关注我，科学护肤我是专业的”。最终文案获得了较高的播放量与互动量。

【敲黑板】

短视频类推广文案的标题和封面同样重要。标题的写法技巧在项目五已有介绍，这里不再赘述。视频的封面需要注意的是：尽量在封面采用显眼的大字体突出主题，例如采用粗体字或者不同颜色引人注意，这样既能够提高点击率，又能够达到良好的推广效果。

（2）剧情反转式。

文案开头先摆出有趣的结论，中间讲述开头结论的来由，结尾处剧情反转，推翻开头的结论，进行主题升华。如图 6－29 所示，标题和开头先提出结论“我终于在重庆找到了康师傅里的牛肉”，中间叙述如何制作类似康师傅方便面里牛肉粒味道的牛肉，最后点明原来不是找到了方便面里的牛肉，而是找到了制作类似味道牛肉的店，从而对店铺进行推广。

图 6－29 剧情反转式短视频截图

（3）反差冲突式。

在视频开头或是视频标题里面制造冲突，比如“这几道问题，你肯定回答错了”，中间提出问题或者观点，结尾再给出答案。

小知识

如果短视频文案里面有违禁词，比如“超级”“第一”“最”等，会让用户产生怀疑，导致低播放量和转发量，严重时还会导致账号重置、封号。

二、直播平台推广

1. 直播的分类

直播大致可以分为两大类：一类是通过网络观看电视节目，如各种时政新闻、体育比赛和文艺活动的直播，这类直播通过采集电视模拟信号再转化成数字信号输入电脑，实时上传到网站供人观看；另一类则是真正意义上的网络视频直播，是通过在现场架设独立的信号采集设备，再通过网络上传到服务器，发布到网站供人观看。这里特指第二类直播在电商卖货平台的应用。

小知识

淘宝直播在2018年开始进入爆发期，“6小时直播卖货1亿元”等让人眼红的商业神话层出不穷。2018年，入驻的阿里官方认证的MCN直播机构骤增到500多家。头部机构的日销售额已破亿元，甚至单个主播的日销售额就可以破亿元。直播作为内容营销的一匹黑马，有不可估量的潜力，淘宝网将淘宝直播板块从淘宝App首页不起眼的位置提升到了首屏位置，并不断优化、增加淘宝直播的入口，其重要性不言而喻。

2. 直播的优势

从网购兴起以来，越来越多的消费者对网购有了更为成熟的认知。一张修得精美的产品图片，可以吸引消费者下单，却也常常因为实物与宣传的差距，使得“买家秀”和“卖家秀”的对比成为网络热梗之一。面对商家打出低价优惠的广告语，消费者从一开始的疯狂心动，到后来不为低价却劣质的产品买单，购买动机趋于理智冷静。丰富的网购经验让消费者逐渐理性，逐渐对传统的图文视频模式产生了厌倦。而随着国家基础设施的完善，4G/5G网络的兴起，直播卖货模式横空出世。各大电商平台和企业纷纷加入这场由直播带来的购物狂欢。直播的优势主要体现在以下两大方面：

（1）直播效果更令消费者信服。

不同于修得精美的图片和剪辑完美的视频，直播的整体动态过程更能让消费者感受到产品实拍的效果。

（2）展示效果更为立体。

在直播中，主播会更全面地向消费者介绍、展示产品，消费者也可以主动向主播提出展示需求。图片、视频没有解答的疑问，消费者可以通过和主播的互动得到答复。

3. 直播文案的推广技巧

直播间的主播们在进行产品推广直播时的文案看似是随意无心的临场发挥，其实都有着固定的技巧，常用的有以下五种：

(1) 搭建场景。

这种“场景搭建式”的直播带货文案，不仅可以让消费者直接领会到商品的卖点，还能激发他们对使用体验的联想，从而产生较高的转化率。如“秋冬天你用这支口红，你就美‘炸’了”这样的场景描述，会让消费者仿佛置身于主播设置的场景中。

(2) 善用数字。

在直播带货推广文案设计上，数字发挥着很大的作用，能让消费者充分认识到商品的价值，使消费者获得更直观的感受，从而下单购买。比如，比起直接说产品有多少克，通过文案“这款藕粉的分量比普通袋装多1倍，即使一日三餐都吃的话，最少也能吃2个星期”，更能让消费者具体感受到分量多的概念。

(3) 描述细节。

直播带货文案的细节越具体，就越有画面感。这种细节描述不是单纯的平铺直叙，而是通过略夸张的手法来凸显细节，打动消费者。比如，“这支口红是让你白到发光的秘密武器”。

(4) 适当“吐槽”。

主播如果一直强调产品有多好，会让人产生厌倦感，直播时适当加一些“吐槽”，能够在一定程度上增加信任度与亲近感。这样就会使用户感觉主播不是帮厂商卖货，而是帮自己选货，无形中使主播给用户一种“自己人”的感觉。

(5) 经典话术。

随着直播电商的快速发展，带货主播人数剧增，如何让消费者在万千主播中识别你并且长时间记住你，这就需要在直播中建立“人设”，在卖货文案中形成专属经典话术或口头禅。这种简短话术，既能加深消费者的印象，又能强化下单行动。

任务实施

一、了解产品直播推广形式

(1) 小晴第一次接触直播这种推广方式，她想要了解创意台灯的直播推广方式。请你帮助小晴在淘宝直播间寻找两个创意台灯的直播链接，并把链接放到下方。

____

____

(2) 请你根据上一步找出的两个创意台灯产品直播链接，分析、总结它们各自的优缺点，并填写表6-10，为小晴进行直播推广提供宝贵的经验。

表6-10 直播推广文案的优缺点

链接	优点	缺点
第一个链接		
第二个链接		

总结：

____

____

二、构建产品直播推广文案

请利用书中介绍的直播推广技巧，帮小晴构建“创意台灯”产品直播推广文案，并完成表 6 - 11。

表 6 - 11　“创意台灯”直播推广文案

技巧	运用
搭建场景	
善用数字	
描述细节	
适当吐槽	
经典话术	

综合练习

一、判断题

1. 在头条号发布推广文案，封面最好用一张图，好处是能更大概率地吸引读者的关注。(　　)

2. 微信平台不存在信息流广告。(　　)

3. 今日头条的推荐是由智能推荐引擎机制决定的，一般含有热点的文章会优先获得推荐。(　　)

4. 电商产品的视频类推广文案分为短视频文案和直播文案两类。(　　)

二、单选题

1. 微博话题常用（　　）符号来表示。

A. ＃　＃　　B. @　　C. 【】　　D. ｛｝

2. （　　）是微博中最大的组成部分，数量最多，包括专家、知名人士、企业高管、草根、大众用户等。

A. 个人微博　　B. 政务微博

C. 企业微博　　D. 组织机构微博

3. 下面属于社交类平台的是（　　）。

A. 百家号　　B. 微博

C. 小红书　　D. 头条号

4. 下面哪项不是直播文案推广技巧？(　　)

A. 善用数字　　B. 适当吐槽

C. 搭建场景　　D. 忽视细节

三、多选题

1. 下列属于短视频文案推广技巧的是（　　）。

A. 议论文式　　B. 反差冲突式

C. 叙事式　　　　　　　　　　　　D. 剧情反转式

2. 微博推广文案所需具备的关键要素有（　　）。

A. 话题　　　　　　　　　　　　　B. 账号互动

C. 优惠活动　　　　　　　　　　　D. 链接

四、案例分析题

某美妆护肤品牌在2020年的“双11”优惠大促活动中，对产品粉底液进行预热推广活动并在微博的官方号上发布推广文案，如图6-30所示。

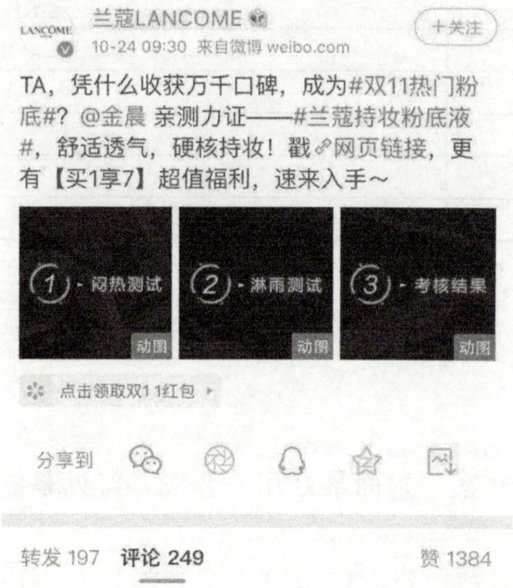

图6-30　某美妆护肤品牌微博推广文案

阅读案例，回答以下问题：

1. 此微博推广文案包含了几种关键要素？请列举说明。

2. 你觉得这个推广文案写得好吗？推广效果如何？请分析一下。

会计手工实操与在线实训系列规划教材

出纳实训

——手工实操与在线实训

姜亚琼　主编
孙　梁　佟　昕　副主编

中国人民大学出版社
·北京·